10 MILLONES

10 MILLONES

CARLOS CELDRÁN

-SEGUIDO DE

DISCURSO DE AGRADECIMIENTO

Ediciones La uÑa RoTa
Colección Libros Robados

Diez millones
seguido de
Discurso de agradecimiento

© 2024, Carlos Celdrán

Primera edición: octubre de 2024

Diseño de portada: Eduardo Jiwnani (La Luz Roja)

Maquetación: Arcadio Mardomingo

© 2024, de la presente edición:
Ediciones La uÑa RoTa, S. L.
Apartado de correos 380
40080 Segovia
Correo electrónico: ediciones@larota.es
www.larota.es

ISBN: 978-84-18782-54-1
Depósito legal: SG 175-2024

Impresión: Villena Artes Gráficas
Impreso en España – Printed in Spain

ÍNDICE

DIEZ MILLONES

Él

Madre

Padre

Autor

Sillas. Una mesa. Sobre ella, cosas: vasos, celulares, una caja de pizza familiar. Una Cola, una botella de agua, libros, fotos. Quizás los propios guiones del texto que sigue. No es un ensayo, pero nada se opone a que lo sea.

Los cuatro actores. También son los personajes. En esa habitación, en ese set. Un escenario desprovisto, vacío.

Visten como actores, como personas, como personajes.

Comen, beben, escuchan, deambulan, esperan. Hablan al público o entre ellos mismos. ¿A una cámara?

Las acciones que hagan posible estar allí, en público.

PRIMER MOMENTO

Prólogo

Autor: No soy el autor. No escribo este texto. Lo digo en su nombre. En nombre del autor. Del que escribe las palabras que digo ahora, estas. Digo: soy el autor. Mientras estudio teatro becado en Nueva York, escribo. Es el año 2001. Y es verano. Un profesor pregunta durante un ensayo: ¿Quién es ella para ti? ¿Quién es la madre para ti en esa escena? No lo sé. Y lo sé. Escribo para saber. Hay también en la escena un padre ausente, anulado, extirpado. Entonces, escribo, respondo la pregunta. Escribo: sueño. Lo primero es el sueño. Recurrente hasta hoy.

Sueño

Él: Es la casa. Desde la acera, la luz fría del portal parpadea, el jardín oscuro, quieto, vacío, de tierra y arbustos, la puerta cerrada, la hora, cualquier hora, la noche, es noche. Frío, silencio. El silencio de madrugada, del pueblo. Su humedad. En la mano, el maletín con la ropa, la del mes acordado. En el portal, solo, bajo la luz fría. Espero.

Me impaciento, toco en la puerta, afuera, con fuerza. Llamo.

Miedo a estar allí, solo, a que no abran, a que él no abra. No esté. Mi padre. Es la casa de mi padre. En el pueblo.

Por fin escucho cómo descorre los cerrojos. Abre. Soy yo. Allí. En la puerta. Más alto, más delgado. Con trece años, quizás diez, ocho. No sé. Yo. Con el maletín en la mano. Con frío. El de la madrugada. El del pueblo.

Adormilado me sonríe, toca mi cabeza, me hace pasar a la sala apagada.

PADRE: *¿Qué pasó?, pensé que ya no vendrías. Todo el día estuve esperándote.*

ÉL: Le hablo de mi madre, la justifico: *no pudo mandarme temprano, por su trabajo.* Miento, pero a él le da igual, sabe cómo es, la conoce bien.

PADRE: *Tranquilo, tranquilo.*

ÉL: Me besa.

PADRE: *No importa. Ya estás aquí, ¿comiste?*

ÉL: Asiento.

PADRE: *Ven, la cama está lista.*

ÉL: Caminamos en la oscuridad hacia el cuarto. Mientras voy a su lado, sé que mi padre no vive allí. Se fue hace ¿décadas? Esta no es la casa. Su casa. Lo sé, pero igual sigo con él, me desvisto, a oscuras busco la almohada a su lado en la cama y escucho cómo me susurra bajito: *buenas noches.* En la oscuridad, sigo despierto, quieto: no es la casa, hay otros viviendo allí; al entrar, en lugar de la verja, veo un muro de bloques, el jardín de tierra cementado convertido en garaje, el framboyán rojo de la acera, cortado, veo señales, pero igual sigo en la cama junto a él, fingiendo dormir, bajo el mosquitero, angustiado, sin saber decir lo que sé, lo que veo, las señales, los cambios.

Duermo pensando qué pasará si despierto.

Viaje hacia mí

PADRE: Es el mes acordado de estar conmigo. En casa. En el pueblo. Un mes en el verano, durante las vacaciones de verano. Solo un mes. Es el acuerdo. Ni un día más. Él pasa el año esperando a que llegue, por fin, el momento de venir y hacer lo que hace aquí, lo que solo puede hacer aquí. En casa. Durante el verano. Una vez al año. En el mes acordado del año. En ningún otro lugar.

Antes de partir, está esa resistencia de la madre a dejarlo ir, la irritación con la que da órdenes al chofer, molesta, dura: *Lo dejas en casa del padre y vuelves rápido para La Habana, que estoy apurada.*

Siempre apurada, en un trabajo sin fin. Reuniones, crisis, problemas. La zafra y los diez millones de azúcar que nos salvarán. Su obra, su misión personal. Desviar el carro y al chofer de la acción implica un desajuste que cae sobre Él (que tiene que ir a esa casa, a ese pueblo, con ese hombre, ese día preciso lleno de emergencias de última hora), un desajuste que convierte el viaje acordado en un estorbo, una imprudencia, una desconsideración: *Qué desconsideración,* grita sin acabar de dar la orden.

Desde la mañana Él está listo, maletín en mano, esperando la salida. Finge, como estrategia, no querer ir, no estar interesado en venir, pero ella sabe que le encantan las vacaciones en esa casa, mi casa, la casa del padre, lo sabe y la mentira empeora las cosas en el último momento.

Terapias

MADRE: *No me lo niegues.*

ÉL: Yo niego y niego, pero ella no cree. No me cree. Insiste, presiona. Amenaza.
    No hablan delante de mí, lo juro. Nunca. De política, nunca.

MADRE: ¡Mentira! Mírame. Es peligroso. No sabes el mal que te hacen. A tu futuro. ¡No tienes idea del peligro que corres allí, cada vez que vas allí! ¡A esa casa! No pienso, para que te enteres, no pienso dejarte ir hasta que digas la verdad. Lo que dicen. Todo lo que hablan delante de ti. Porque sé que hablan.

ÉL: Entonces hablo. Para ir, para que me deje ir, de las burlas, de las críticas, de la política, de todo lo que hablan. De todo lo que escucho. Lo que imagino que hablan. Hablo y *exagero*.
    Ella escucha y asiente.
    Entonces *veo*, mientras hablo sin parar, cómo se relaja, cómo afloja algo en ella. Cómo se sienta a mi lado, me sonríe y me mira de otro modo. Cómo en vez de gritar *no irás más a esa casa*, me aconseja con una sinceridad muy especial que tengo que ser firme, fuerte en mis principios. Y enfrentarlos, con coraje, sin miedo. Yo solo. Sin ella, sin ayuda de nadie. Solo. Como un hombre. Que tengo que entender, porque soy inteligente, que el enemigo está dentro, no afuera, en la cabeza, en el corazón, en la debilidad, en ese carácter apático, susceptible, *¡el carácter de tu padre!*, me dice, que me hará fallar.
    Los ojos de ella en los míos, los míos en los de ella. Un instante, aterrados.

Fallar es lo último, fallar es todo. Fallar es fallar. A ellos. A la imagen. A su imagen. A la gran imagen que flota por encima de ella, de mí, del mundo. Yo siempre tiendo a fallar, lo *sé, sé* que ella *sabe* que yo veo *eso* en mí, el que falla, él que va a fallar a ella, a todos, pero a ella más que a todos.

Es bueno ganar su confianza, es bueno este momento con ella. Sentado allí con ella. Por eso me importa poco contarle lo que quiera oír sobre mi padre, sobre cualquiera, pero sobre todo sobre mi padre, sobre él en mí, sobre mí como él, sobre el peligro de ser él a su lado fallando como un error, una herencia, una desgracia. Sentados hablando de cosas serias, de traición, de futuro, fallo, fallo, *delato y mato a mi padre*.

Sin que puedan detenerme: fallo.

MADRE: *No me lo niegues.*

ÉL: *No hablan delante de mí, lo juro. Nunca. De política, nunca.*

MADRE: ¡Mentira! Mírame. Es peligroso. No sabes el mal que te hacen. A tu futuro. ¡No tienes idea del peligro que corres allí, cada vez que vas allí! ¡A esa casa! No pienso, para *que te enteres, no pienso dejarte ir hasta que digas la verdad. Lo que dicen. Todo lo que hablan delante de ti. Porque sé que hablan.*

ÉL: Entonces hablo. Sigo hablando, de todo, de política, de lo que hablan, exagero, mato, miento, para ir.

MADRE: *(Al chofer.) Llévalo, déjalo en casa del padre y regresa volando. Estoy apurada.*

Viaje hacia mí

PADRE: Es la despedida.

Él no mira atrás; de un salto, sube al estribo del jeep y huye. Roba el viaje amenazado, culpable, *desconsiderado*. Un viaje a casa del padre.

Un viaje hacia mí.

El campo abierto, cañaverales a cada lado del camino, humo en el horizonte, calor, el aguacero que golpea la lona del jeep, atraviesa los huecos, las ranuras, y empapa los asientos, la ropa, la cara, nubla los cristales. El campo empañado por los cristales, por los relámpagos, las calles empañadas del pueblo, mi casa empañada en la lluvia, yo parado mojado en la puerta.

Él, que baja mojado hacia mí.

Cada viaje, un estorbo, pero vale la pena, le digo, después. Un viaje condenado, peligroso, pero vale la pena, le repito, y Él, que entiende lo que le digo, cómplice, asiente.

Encuentros

PADRE: *Buenas…*

MADRE: ¿Qué es esto? *(A Él.)* ¿Tú sabías algo de esto?

PADRE: ¿Puedo pasar?

MADRE: *(Al Padre.) Te he pedido que no vengas aquí. A mi casa. Esta es mi casa. Por favor, podemos hablar dónde tú quieras, pero no aquí.*

PADRE: Nos divorciamos antes de que Él pudiera vernos juntos. Por eso, tenernos a los dos, ahora, frente a frente en una habitación, le resulta insólito, doloroso. En cada encuentro, está este desprecio de ella hacia mí que provoca en Él, lo sé, una rara vergüenza, y miedo. Vergüenza por ser responsable de que ella tenga que soportarme y hablarme (cada vez que nos encontramos, como ahora, es por culpa de algo oscuro relacionado con Él), y miedo, porque teme que ella lo odie, que lo desprecie por eso, lo que sin duda pasa. *No soporto que venga aquí, díselo la próxima vez,* le dice, al final, cuando me voy.

Disculpa... yo... ¿Puedo pasar o no?

MADRE: *Dime hora y lugar e iré a donde sea, pero, por favor, te lo repito, no aquí. No ahora.*

PADRE: Puedo irme, alejarme de todo esto, pero no, sigo allí, intimidado, inseguro, frágil, como disculpándome de estar frente a ella, bajo el peso de esa especie de vergüenza que también logra que yo sienta en su presencia.

MADRE: *(A Él.) ¿No te dije que le dijeras que no viniera? (Al Padre.) Te lo dijo, ¿no? ¿Qué no quedó claro, entonces?*

PADRE: Sí, hay siempre mucha vergüenza en estos encuentros, mucho desprecio contenido en ella, desprecio que Él no puede entender. No lo miro, evito mirarlo, pero sé que Él está de mi parte, de mi lado, lo ¡siento!, apenado por mí, desprotegido como estoy frente a la furia helada de ella, a sus miradas altivas, a su impaciencia. Ella está siempre impaciente por terminar el encuentro, apurada por concluir la conversación o el asunto que le roba tiempo de hacer cosas más importantes; ella es una mujer ocupada, importante, con una vida y un trabajo de verdad, *cosa que tu padre jamás tendrá,* le grita luego, y me lo hace ver en estos encuentros con todas sus fuerzas. Jamás se sienta cuando está frente a mí ni me invita a hacerlo, me atiende de pie, cerca de la puerta, dispara frases cortas que van al centro del problema (su oscuro comportamiento), tajantes, precisas, monosílabos e interjecciones que cierran rápido las cosas como cuando se trata con un subalterno, ella es especialista en tratar con subalternos, con personas de menor categoría que están bajo su mando y que la molestan innecesariamente con imprudencias. En esos casos, es implacable y no tiene escrúpulos en ponerlos en su sitio con rapidez y eficacia *(dime, de acuerdo, qué quieres, qué necesitas, en verdad, te lo repito, no tengo tiempo),* es una mujer que sabe mandar y para ello no anda con susceptibilidades. Yo, entonces, parezco no tener prisa, justo cuando ella arrecia su estrategia favorita, los nervios, el orgullo o el desconocimiento de eso en lo que se ha convertido ella me dan por apelar a una conversación más detenida, más educada *(pero sentémonos, hablemos con calma, escúchame, entiende lo que te digo).* No puedo dejar de ser educado, formal y apelo y apelo a que nos sentemos, a que hablemos como amigos, como personas civilizadas, lo que hace que la situación se haga más insoportable y ridícula a cada segundo que pasa para Él, que *sabe* lo que vendrá a continuación, que además *sabe* que yo *sé* que Él está presente observando esta humillación que yo me empeño en revertir, en ocultar, en superar. Para ella no existe la menor posibilidad de tener conmigo un comportamiento cotidiano, formal, educado, lo que provoca que acabe echándome sin siquiera mirarme de frente ni levantar la voz ni alterarse lo más mínimo, como se despide a un chofer o a un criado.

MADRE: *Vete, por favor, estoy ocupada.*

PADRE: Lo dejo dentro. Con ella. Con el desprecio.

MADRE: *(A Él.) ¿Qué hemos hablado? ¿Qué te he dicho de que venga aquí? ¿Cuántas veces debo repetir lo mismo? ¿Dime?*

PADRE: No es odio ni despecho hacia mí por el pasado. No. Es claro para Él que no es eso. Es claro para Él, *lo sé,* que ella no guarda ese rencor hacia mí, el rencor tras el divorcio que colinda con el amor que hubo. El clásico odio del amor de los padres. No. Es otra cosa. Lo sabe. Sé que lo sabe. Es pura, simple aversión, una aversión visceral, fría, petrificada, sin pasión. La misma aversión que cae sobre Él, que debe continuar oyendo a su lado las recriminaciones por tener que aguantar que la visite, que me le acerque. *No lo quiero más aquí, nunca,* le grita.

Un miedo paralizante, frío. Le tiene miedo, mucho miedo a ese frío, al rechazo que me tiene, que por desprendimiento le tiene a Él, que es quien provoca lo indeseable, lo intolerable: el encuentro. Por su oscuro comportamiento. Le tiene miedo a esa frialdad donde no hay odio ni gritos ni insultos ni golpes ni celos ni despecho ni reclamos ni chantajes ni escenas de histeria, sino algo bien distinto, que da mucho miedo y mucha vergüenza.

(A Él.) Tranquilo, no pasa nada, estoy bien. Me voy ya, se me hace tarde, nos vemos en las vacaciones, ¿okey? Llámame. Un beso.

Huyo de allí, de aquello.

Del frío.

También de mí, de Él. De los dos. Algo superior a mis fuerzas. Que dejo atrás y me salvo.

Terapias

Él: ¡Pelea! Tengo los guantes de boxeo amarrados a los puños. Escucho la orden por segunda vez, con más fuerza ahora, ¡pelea! El otro niño en posición de defensa con las manos levantadas enfundadas en unos guantes enormes iguales a los míos espera por mi golpe. Soy el nuevo. Él ya es viejo aquí y se siente superior. Ha golpeado antes. No está a prueba. Yo sí. Debo pasar la prueba de golpear para que me aprueben los médicos. La farsa de golpear. Sigue frente a mí, espera, pese a su sonrisa de alarde y a los saltos de boxeo que hace frente a mí, tiene miedo, está aterrado de que lo golpee. Veo sus ojos clavados en los míos y sé lo que le pasa, lo que siente que es lo mismo que siento yo. Miedo. Vergüenza. Inhibición. Aunque él esconde todo eso mejor que yo. Aprendió a actuar. Baila y se mueve como un boxeador, sonríe en son de burla, está congraciándose. Al momento descubre en mi vacilación que no soy de peligro, que tengo vergüenza de actuar como él actúa, entonces aprovecha para tomar ventaja y anotarse puntos, me grita algo, alardea, se expone, hace bufonadas en mi cara. *Pelea, ponte firme,* grita el médico, molesto, indignado, me empuja por la espalda, choco con el otro, que me rechaza con fuerza y ríe de su victoria. Es débil, flaco, feo, siento que ha encontrado su oportunidad. La aprovecha. Me da pena ser como él, actuar para los otros, humillarme hasta ese punto. No voy a ceder. Odio estar allí. Todos odian estar allí, pero actúan para recibir un premio, una aprobación. Yo no sé hacerlo. Prefiero llorar. Lloro. Es la oportunidad de golpearme, me golpea en la cara. *Defiéndete,* me ordenan, ¡no seas pendejo! No lo hago. Siento cómo, a pesar de su debilidad, el otro se enfurece de verdad y logra ser aplaudido por los que miran, que dejan de burlarse y se confunden al punto de celebrarlo. Se levantan de las sillas y lo cargan, lo pasean por el salón en hombros, él sigue actuando, ríe, y da risa, es triste su mentira, su bajeza, su triunfo frente a los médicos. Quedo en medio del salón, destrozado.

Les basta que actuemos el juego, les basta el espectáculo que luego cuentan a los padres, afuera. En el salón de espera. No puedo actuar. Es ridículo. La terapia consiste en tareas, boxear, armar, desarmar carros de juguete, golpearse las cabezas con almohadas, luchar cuerpo a cuerpo, darse alcance por el salón mientras nos observan desde las mesas. Todos los otros parecen contentos allí, yo no, sé qué traman, qué buscan, qué están haciendo con nosotros. Estoy paralizado. Saber me paraliza, me quita ventajas. Nadie es feliz aquí, ¡mentira!, siempre la mentira, imitan, actúan para que los dejen tranquilos. Para que los padres, afuera, estén contentos, esperanzados con los reportes de los médicos. Lo sé y eso me perjudica.

Al principio es un murmullo en la casa, una amenaza a mi alrededor que crece, me miran y murmuran, tras las puertas discuten sobre qué hacer conmigo. Yo los oigo. Siempre lo oigo todo. Lo que pasa. Lo que miran en mí. Empiezan a vigilarme, a hacerme preguntas raras. Sé desde el primer momento las respuestas a esas preguntas y no respondo, los confundo. También hay regaños: *baja las manos, no hables así, no manotees, no juegues con eso, sal a la calle.* No hago caso. Odio cumplir esas órdenes, sigo así, sin hacer nada, sin cambiar nada. Encerrado en mí. Contra ellos. Cuando se determina que hay que *tratarme,* mi padre se niega, mi madre insiste en hacerlo, pero él se niega, así que de seguro muchos de sus encuentros son para eso, para decidir qué hacer conmigo. Mi padre quiere que viva un tiempo con él en el pueblo, en su casa del pueblo, es una solución, un padre real, un ejemplo para un niño con problemas, yo tengo *problemas,* pero mi madre se niega rotundamente y mi padre tiene que aceptar que me traten.

Coge la tiza, ve y dibuja en la pizarra a un hombre y a una mujer. Todos siguen atentos, curiosos, a la expectativa, lo que haré. Yo *sé* lo que buscan. Lo que quieren ver en mi dibujo. Siempre sé todo. Es lo peor, mi inteligencia. Desde el principio la sintieron y la odiaron, otro obstáculo allí. Ser inteligente. Voy y dibujo a un hombre y a una mujer, dos palitos y una cabeza. Nada de caderas, de hombros, de tetas. ¿Eso es un hombre, eso una mujer? ¿Estás seguro? No sé dibujar, les digo. Piden un voluntario, otro va y dibuja a un hombre y a una mujer en la pizarra, ya sabe cómo hacerlo sin que vean nada extraño en el dibujo, es viejo allí, está vendido, es de ellos, pálido, con cara de niña, me odia, allí todos son así, odian, detestan ser amigos, son amigos de ellos, los médicos, que los usan para cosas, para que les compren meriendas, para que los entretengan dándole golpes al nuevo, a cualquiera. Ellos se prestan, sumisos se fajan entre ellos frente a los médicos en el salón, se arañan, se muerden, ruedan por el suelo entre los gritos de los otros, que apuestan al que gane, tratan de pasar la mañana como sea, ganar como sea; yo no, sigo apático, pasivo, no le gusto a nadie, los médicos son jóvenes, un poco más grandes que nosotros, están aburridos, matan el tiempo, la mañana, la tarde con nosotros. Los padres esperan, confiados, los reportes del día, las mejoras del día de los hijos, afuera, el éxito de la terapia. Los médicos meriendan frente a nosotros mientras hablan de mujeres, nos cuentan lo que les hacen a las mujeres, los otros ríen como si les interesara, como si supieran *de eso,* el que sabe más, gana, el que cuenta algo *sobre eso,* gana. Los médicos cuentan cómo se pajean, se tocan y nos muestran lo que es, cómo se hace, ninguno de nosotros sabe nada todavía, nos dicen, pero hay que saber, son hombres, somos hombres, cosas de hombres, es de poco hombre contarles a los padres *esto*, nadie cuenta lo que pasa allí, aprendes eso, a estar de parte de ellos, a hacer lo que ellos dicen que hay que hacer. ¿Ves? Eso es un hombre y una mujer. Inténtalo otra vez. No me estás escuchando, coge la tiza, la cojo, ¡dibuja!, ¿eres estúpido o qué? Quieren caderas, cinturas, hombros, pechos. No se los puedo dar. Puede ser peligroso. Si dibujo bien, sabrán algo de mí.

Hablan a solas con mi madre en el salón de espera, veo cómo le dan quejas. Cómo hablan de mí, el desastre que soy, sin remedio, no les gusto, conmigo no funciona, no reacciono. No mejoro. Más bien empeoro. Ella me mira furiosa, de lejos, defraudada. Están molestos. Entendieron rápido que mi negativa tenía otro corte. Soy incorregible. Peligroso. No debo estar allí, perjudico al resto. Al progreso del resto. Sé algo que los demás no saben, no deben saber. A esa edad. Mi edad. Eso no lo dicen, pero yo sé que lo piensan, lo sienten. No parezco de esa edad. No vuelvo más. Me expulsan, desahuciado. Incorregible. Desisten de llevarme allí, con los médicos.

Álbum 1

MADRE: *(Mira las fotos.)* Perdón, pero no tengo memoria de esto. De las relaciones con él. De cómo fuimos juntos. Cómo éramos juntos. Son fotos extrañas. De desconocidos. De estos dos que veo aquí. Fotos de ellos. No nuestras. De dos desconocidos que no somos ya. Hablo de cuando nos conocimos y fuimos los clásicos novios de un pueblo de provincia, o durante la luna de miel soñada por todas las muchachas, que, como yo, llegaban en ese entonces vírgenes al matrimonio. *Algo no funcionó desde la primera noche. Desde la primera vez,* decían. No funcionó para ellos, para estos dos que continuaron juntos durante el embarazo hasta que vino el odio, la repulsión. El olvido de este álbum.

Los veo ahora. En esta foto. Son ellos abrazados junto al mar. El brazo de él alrededor de sus caderas, de su vestido de florecitas escotado, ceñido a la cintura y ajustado a las rodillas, típico de los cincuenta. El pelo corto, castaño de ella, batido por el aire del mar, que a su vez infla como un globo la camisa de algodón oscura de él dejando ver parte de su pecho desnudo. El mar detrás, negro y rizado. El mar de las fotos viejas en blanco y negro. Las caras tersas, adolescentes, la risa, la suavidad, jóvenes, desconocidos. Ellos. Ella sonríe a la cámara, al parecer feliz, con una sonrisa que ya anuncia lo que sé vendrá después. Esa especie de incomodidad, de impostura que también veo aquí, en las fotos de la boda, una sonrisa posada, artificial, que esconde algo que ni puedo definir, pero que sé la hace sentir incómoda, trabada en el traje de novia, diciendo adiós con la mano desde el carro rodeada por los invitados, por la familia, algo que siento solo al mirar estas fotos de una boda que ya no reconozco, esa falta de espontaneidad en los momentos en que las cosas no son de su agrado y debe actuar, no obstante, como si lo fuesen. A su lado está él, feliz, de verdad feliz, lo veo, riendo en todas las imágenes, ajeno a lo que está pasando con ella. A pesar de ella. De sí misma. No entiendo qué pasaba allí. Lo sé, pero no lo entiendo ya. ¿Cómo llegaron a eso, a tanto? Quizás el pueblo, la presión, la edad. La costumbre. Un error. Todo es error en ellos. Sin embargo, el mar rizado, negro, el pelo castaño de ella, corto, batido por el aire, el pecho suave y entrevisto de él, merecían más. Un destino. Una noche feliz, completa, que no tuvieron. ¿Por estupidez? No recuerdo. Son fotos que no merecen guardarse, nadie las quiere, ni las tuvo, ni las valora. Ni las *siente* propias. No somos nosotros. Somos nadie. ¡Son ellos! Dos jóvenes. Extraños en una playa, en una boda, hace tanto tiempo. No son recuerdos de nadie, de nada. Nada de eso ocurrió ni fue real. Ni siquiera es pasado. Ni siquiera es recuerdo, porque nadie lo recuerda. Para que sea pasado, alguien debe recordar. La playa, el aire, la camisa. Es nada. Fotos malogradas de dos que no fuimos.

Terapias

ÉL: *Cámbialo de escuela, de la escuela del barrio, bécalo lejos, donde la abuela no llegue ni nadie lo mime,* le aconsejan. Estoy en segundo grado. A mitad del segundo grado. Un día no voy más a clases, ella no espera el final del curso, me saca en mitad de las clases y me beca.

Es una beca en las afueras de la ciudad, me internan allí de lunes a viernes, una beca llena de otros niños que no conozco, extraños, de todas las edades, ¿de dónde vienen? Una beca cerca del mar. Hablan de la playa, de la maravillosa beca con playa, los niños murmuran que si todo va bien un día nos bajarán a la playa. La beca está en lo alto, en las lomas; la playa se escucha abajo, no la vemos, solo la oímos, y la sentimos, la sal, el ruido de las olas, la brisa del mar, es un lugar de mar. Vivimos en casas confiscadas a la burguesía, casas bellas, grandes, que ahora no tienen ventanas ni puertas, destartaladas y llenas de literas donde duermen los niños. Duermo en una litera, por el hueco de la ventana de mi cuarto se ve un bosque de pinos, se oye el ruido del mar, en la madrugada hace frío, los muchachos grandes hablan toda la noche, no paran, sentados en las literas fuman y hablan, yo los escucho, no entiendo bien qué dicen. Por las mañanas, marchamos en pelotones para ir al comedor, también para ir a las aulas, todo se hace en pelotones militares, un guía canta los pasos mientras marchamos por las calles de aquel barrio que es la escuela, todo el tiempo marchamos, es lo único que funciona, lo único que está organizado.

Nos bañamos en el patio, al fondo de la casa, todos a la vez, a la intemperie. Hay en la casa un solo baño con un chorro de agua fría en lugar de ducha, te mojas en el chorro y rápido tienes que salir afuera, a la carrera, al césped del patio a secarte mientras otro niño entra al baño. No hay jabón ni toallas, solo agua, fría, dura, a presión. Te secas con el aire, con la ropa que tienes, un profesor vigila en la puerta y da las órdenes, *dale, rápido, entra tú, apúrate, ¿qué coño estás haciendo?, sal ya.* Conoce a algunos y los llama por sus nombres, a otros, como a mí, ni idea de quiénes somos, no le importa, no parece ser su trabajo. No sabe mi nombre, nadie sabe allí mi nombre, ni siquiera los otros muchachos lo saben, yo tampoco sé ningún nombre, de nadie, estoy solo, en los pelotones, en las aulas, en el comedor, nadie me apunta a una clase, ni me presenta a ningún maestro, ni me explica qué debo hacer, ni cuándo, ni a dónde ir. Me siento en la primera clase que encuentro al llegar a las casas que sirven de aulas, cada día me siento en un pupitre al fondo y escucho sin entender la clase que el maestro da. A él no le interesa saber qué hago allí ni quién soy yo, un nuevo, supone, otro más, quién sabe. Yo escucho y no entiendo nada de lo que pasa, algunos niños ya saben algo y responden al maestro, para mí es chino lo que oigo, todo consiste en pasar como sea la mañana, no ser descubierto y avergonzado ante los otros. Al siguiente día, me cuelo en otro grupo, en otra aula, con otro profesor y otros niños. Una mañana una niña me descubre sentado a su lado y me dice con mucha seguridad que ese no es mi grupo, le pregunto cómo lo sabe y me dice que mi grupo es otro, que yo soy de otro grupo, no sé cuál. Me escabullo de allí cuando ella insiste en denunciarme al profesor. Me da vergüenza no saber a qué grupo pertenezco, me da vergüenza preguntar, finjo estar, pasar inadvertido, ya entenderé, ya me acomodaré como los demás. No tengo libretas, no tomo notas, no tengo nada, solo la muda de ropa que llevo puesta, no recuerdo si es un uniforme o si es mi propia ropa, la llevo todo el tiempo, todos los días, todas las semanas que estoy allí.

Un día no vuelvo más, mi madre decide sacarme de allí. ¿Por qué? No lo sé. Hablan de corrupción, de maestros con alumnas, de fiestas por las noches en la dirección, de escándalos, de denuncias. No sé, pero lo sé. Siempre sé. Sé lo que ella evita, lo que teme. Me saca y me lleva a otra escuela. Otra prueba, otro empezar. Terapia: pasar trabajo, hambre, estar solo, lejos. Sin contemplaciones. Conozco esas palabras que repiten a mi alrededor. Las conozco y hago que no funcionen. Estar aparte, odiar todo, esperar. No hacer nada por complacerla. Me *asquea* colaborar con eso, con ella.

No he terminado aún segundo grado. Es el mismo año todavía, una vida, una eternidad. Ella tiene razones, yo las conozco, pero no colaboro. Me lleva de un lugar para otro, con ella, pero lejos de ella, me deja en aquellos sitios, bajo vigilancia, un encargo que a veces oigo: *que trabaje, que luche, que sea uno más.* Ser siempre el nuevo, el de la ciudad, el raro con niños raros, ahora campesinos, con maestros brutos, violentos. Con directores chivatos que me vigilan para luego contarle y ganar puntos con ella. Lejos de casa. Entre extraños.

Esta vez la escuela queda cerca del central azucarero que ella dirige al sur de la provincia (los años setenta, la zafra de los diez millones). Ella escala, crece. Se hace importante. Termino el curso allí con notas buenas. Pese a los cambios, los traslados, el trasiego. Ser inteligente, no dejarse aplastar. Lo sé. Es mi camino.

Vivo en casa de una familia de campesinos con muchas hijas que me acogen y me tratan bien. Duermo en el cuarto del fondo de la casa, a medio construir, en una cama de hierro con una colchoneta encima. Desayuno con ellos en la cocina de madera, luego voy solo a la escuela del pueblo, enseguida entiendo el pueblo, las calles, juego con niños de la cuadra al regreso de la escuela, uno más, uno menos.

A veces ella pasa en su *jeep* a toda velocidad por el centro del pueblo, y la gente al verla pasar grita: *la capitana, ahí va la capitana,* así la llaman, montada en su *jeep,* bella, dominante, es el misterio, la heroína, la dueña de todo. Pronto me empiezan a llamar *el hijo de la capitana.*

No la veo hasta el sábado, que me recoge y me lleva a mi casa, a mi cuarto. A un cuarto. En la ciudad.

Política

MADRE: ¿La política para mí? ¿Para mi generación? Lo digo rápido: fue una pasión. Una revelación, algo arrasador. Ya no lo es, por suerte. No ahora. Para él, no, para él la política fue una desgracia, el fin, la catástrofe. La que desbarató todo. Todo lo anterior. Los sueños. La vida como era. Sin embargo, la política hizo que yo despertara, que me rebelara contra el destino de ser la mujer que soñaba él y toda su familia, destino al que estaba atada como cualquier muchacha de ese pueblo de no haber triunfado, en el momento en que triunfó, la Revolución.

Toda la pasión de la que era capaz se reveló en ese momento como un contagio, un ensanchamiento, que él, apegado a los intereses de su familia pequeñoburguesa, acomodada, mediocre, ni siquiera sintió, ni pudo entender. Así de simple, así de triste. Fue un despertar que arrasó con el sueño de convertirme en la buena mujer casada, madre obediente del primer hijo varón. Esos sueños, por los que tanto suspiré, por los que me casé con él, se volvieron ridículos en un segundo con la Revolución.

Él se redujo a nada, un hombrecito mediocre que buscaba en la rutina familiar la felicidad. De golpe, dejó de ser el buen partido que mis amigas me envidiaban, un muchacho de buena familia, bien parecido, joven, educado, con porvenir.

La Revolución fue donde experimentar en grande la libertad. Me entregué a ella, a la política, con un frenesí que enfrió toda pasión por él, toda vida con él, que, no obstante, resignado, impotente, esperaba en la casa a que llegase en las madrugadas, tarde, sucia, agotada de aquellas jornadas de trabajo que me imponía con felicidad fanática.

Puedo imaginar la vergüenza por no poder controlarme. Por tener que suplirme en la casa y aguantar en silencio la humillación que eso implicaba para un hombre en un pueblo pequeño donde todo se sabe. Él esperaba que volviera a la normalidad, que la locura pasase. Contaba con eso. Estaba enamorado, enamorado no solo de mi belleza, que fue notable, sino también de la fuerza, la indomabilidad, la destreza y el carácter sorprendente que tenía. Que quizás ya no tengo. Ahí es donde de verdad perdió el juego, era incapaz de combatir ese empuje porque en el fondo estaba demasiado aturdido y fascinado para disuadirme con firmeza. Detestaba la falta de firmeza, su debilidad, *la debilidad de tu padre,* te decía, acusándote de esa herencia peligrosa. Sí, fui una fanática de la firmeza, una fanática de la virilidad, del coraje en la vida, y él no es que careciera de ello completamente, sino que estaba hechizado, sorprendido por la cantidad de firmeza, fuerza, coraje que había en mí.

Comencé a ocupar cargos de dirigencia cada vez más estratégicos, visibles, en la política del pueblo. Una persona importante, confiable, con poder, embriagadora para todos, hasta para él. Una mujer con poder era algo tan inaudito e inconcebible en ese tiempo que me dio rápidamente un aura de atracción, un magnetismo que capté y usé a mi favor con sagacidad, un golpe de efecto que me catapultó hacia arriba a una velocidad que dejó a todos anonadados. Una mujer con poder es más fuerte que un hombre con poder. Hechiza doblemente, perturba, desconcierta, más si es bella en el sentido tradicional en que yo lo era.

En menos de dos años, él es ya un hombre de otra época, sin futuro, un ejemplar de un mundo desaparecido, un muchacho superficial de una clase media aniquilada e inútil con el que estaba casada y del que debía salir a como diera lugar.

Terapias

ÉL: Los campos de caña, quemados. La zafra. Ella quiere que esté allí cuando queman caña. Otra terapia: los campos ardiendo horas, en la noche, la madrugada entera hasta el amanecer, los hombres luchando con el fuego, contrarreloj, en combate, unidos, enloquecidos. *Para que aprenda, que esté ahí, que sepa cómo es,* dice. El fuego en todas partes, el humo en columnas, negro, hacia al cielo, los hombres en los camiones subidos en los estribos con la ropa sudada, quemada, las caras prietas, manchadas, dando órdenes a gritos, ¿y este niño qué cojones hace aquí?

Dormimos en las cabinas de los camiones. Con el fuego, el humo alrededor. Vigilando la quema.

Hambre, mucha hambre, un pan, una bandeja de calamina, arroz, potaje, agua con azúcar, siempre hambre, siempre hombres con caras prietas, máscaras. Son máscaras. No veo caras de verdad, lavadas, limpias, no veo cómo son esas caras. Nunca. Se van a otra zafra. Desaparecen.

No hay tiempo para descansar, amanecemos allí, en las cabinas, en pleno campo, ¡la zafra de los diez millones! Veo lo que es la terapia.

¿Quién es? El hijo de la capitana, murmuran bajito, en la oscuridad, apilados a mi lado, los hombres, las caras negras, las máscaras, *¿y qué hace aquí? Ayudando con la quema.*

Álbum 2

MADRE: *(Mira el álbum.)* Sí, es ella. Supongo. En la misma foto, que se repite y repite. Siempre hablando en tribunas, el dedo en el aire, el rostro encendido frente a teatros llenos que la escuchan con una atención que, supongo, la convence de un talento natural. En todas aparece en botas y boina, rodeada de gente desconocida, optimista, amazona de una era nueva, desafiante, divertida.

Son fotos divertidas. Donde ella se divierte. Estoy segura de que se divierte. Es joven. Y es libre por primera vez. Es ella. La que fue. La auténtica ella. En el cénit de su vida. Feliz. La de esos años. La que realmente fui. La que ya no puedo ser. Ni deseo ser.

No dejo de pensar en lo divertido que fue el juego de la política y la Revolución para ella, para la vida rutinaria, pueblerina que llevaba ella (la que fue en estas fotos, no yo ahora) y lo aburrido que se le presentaría, de pronto, lo anterior. La diversión, el vértigo, el ritmo, la celeridad de los hechos despertaron algo, supongo, que la alejó de lo precedente, de ese breve primer acto de su vida. La mirada puesta en cosas grandes, trascendentales, divertidas, justas o no, pero sí divertidas, poderosas, vertiginosas, embriagadoras. La juventud elige la intensidad vital como la verdad más interesante. La justicia social tiene ante todo que ser intensa, veloz, cambiante, enérgica, no aburrida ni gradual. Y ella es joven en estas fotos y no puede desprenderse de esa primera conexión con la Revolución, que la preserva adolescente, peligrosamente adolescente hasta mucho después, cuando, súbitamente, cambia y se va. Cuando me voy. Cuando me fui.

Supongo.

Terapias

ÉL: *Ahí no te robarán,* dice mi abuela mientras prepara el maletín, camisas, calzoncillos, pares de medias limpias para cada día de la semana. *Esta sí que es una escuela,* repite mientras la hace. Estaré bien, presiento. En la televisión veo el edificio de albergues limpios, largos, luminosos, con alumnos en uniformes azules, con el abrigo para el invierno del cinto a la cintura y la hebilla de metal, con la corbata más oscura, más azul, para el pase. Los edificios sobre pilotes de cemento, modernos, en medio del campo. *Una escuela de verdad,* murmura ella.

Él juega voleibol. Al principio no lo veo, tiene granos, la cara cubierta como una lepra, deformada. Duerme al fondo del cubículo. No me fijo en él, callado, invisible, parece bueno en eso del voleibol, pero qué importa.

En la primera semana pierdo la sábana, llego de clases y no está, nadie sabe, nadie vio nada, a nadie le parece mal que no tenga sábana. Después desaparece la almohada, de golpe desaparecen las medias del maletín, los cinco pares para cada día de la semana. Las de mi abuela. Cuento, vuelvo a contar cada pieza de ropa, busco, rebusco en el fondo, quizás ella olvidó ponerlas como dijo, no recuerdo bien. No puede ser. Luego desaparecen los calzoncillos, la leche condensada, los panes, los lápices, las libretas. ¡Shock! ¡Shock! ¡Shock! Vacío el maletín, desinflado en la taquilla al regresar de clases, estropeado, rasgado, abierto hasta el fondo, me mira destripado, muerto, sin lo que había dentro, el mundo que había dentro. Tampoco nadie sabe, nadie vio a nadie. Es así. Entiendo allí. De golpe. Es esto. Esto es esto. ¡Cuidado! No hay medias para cada día de la semana aquí. Nadie tiene tantas medias aquí. Después ya no tengo medias, ni calzoncillos, ni comida propia, ni libretas. Solo la que llevo doblada en el bolsillo de atrás del pantalón a cada clase que voy para aparentar que escribo, aunque no lo hago, garabateo y grabo en la mente para aprobar.

A él le roban también, duerme sin sábana, desnudo o con el uniforme puesto si hace frío, en la colchoneta manchada, sucia, sobre la tabla de bagazo de la litera al fondo del cubículo, sin protestar. ¿Protestar? ¿A quién? ¿Quién oiría qué? ¿A quién le importa algo? Lo sé ya. Lo sé desde hace tiempo, desde el principio, pero lo vuelvo a saber. Con fuerza. Para siempre, aquí. Nada que decir, no quejarse, no reclamar, hacer algo, salir de esto. No hay nadie. Nada. Un vacío allá afuera. Indiferente a ti.

Intento robar otra sábana por el frío, él me ve hacerlo, no dice nada, es extraño, feo, daba igual que me viera, es callado, calla, no me denuncia. Nadie denuncia nada.

Yo leo, hay una biblioteca a la que nadie va, nadie entra allí, yo voy, entro un día y saco un libro. Después sigo yendo, a leer, a estar tranquilo, solo en aquel sitio al que nadie entra. Un sitio que aburre, que no existe. Leo también en los pasillos, al fondo del aula, en el campo, durante el trabajo en el campo. Leo. Es hacer algo o no hacer nada. Leo allí, por tedio. Leo *El Rojo y el Negro*. Una y otra vez. El mismo libro. Así comienza lo de leer, lo de leer a tiempo completo. Por *El Rojo y el Negro*. Pero sobre todo por Julián Sorel. El protagonista. Odiado por los hermanos en el aserradero soy yo, con un libro trepado a un árbol, leyendo, soy yo, otro yo. Todo comienza con Julián Sorel, por él busco más, en la biblioteca, día y noche. Subido al árbol con un libro contra los hermanos que desde abajo le tiran piedras, me convierto en el que lee a tiempo completo, en el aula, en la plaza, en el lugar que no existe.

Al año siguiente, el segundo curso allí, llega con la cara limpia, sin acné, sin granos, los ojos se ven, son grandes. Cae en la litera a mi lado, es muy blanco, le salen manchas en la piel que debe curar con una poción, no le llegan las manos a la espalda, hasta donde están las manchas, y me pide ayuda. Yo froto las manchas en su espalda con un algodón, me mancho los dedos con la poción amarilla que huele a hierro, a azufre. Es algo entre él y yo, las manchas amarillas en los dedos, mi sacrificio. Lo hacemos cuando no hay nadie cerca, a veces en el baño, en los inodoros. Yo, restregándole la espalda. Es un secreto por necesidad, él necesita mi ayuda, yo se la doy. Es una complicidad a la fuerza. No quiere tener manchas, las odia como odia sus granos, por eso me pide ayuda y acepta que nos escondamos. Me pide que me quede en el albergue cuando salen los demás, yo me quedo, entonces él saca el pomito y el algodón y se esconde en el inodoro, cerramos la puerta y yo lo curo. Al hacerlo, veo sus ojos, brillan pardos, grandes, aparecidos. Se ven, antes no. Quizás es el descubrimiento de sus rasgos, de su rostro que aparece, la sorpresa de ver en qué se convierte lo que me hace ver su cuerpo, armónico, blanco, desnudo, el rostro nuevo hace que veas que hay un cuerpo, una cintura, unos pies blancos, abajo.

Se me acerca, ¿Qué lees? Una novela. ¿Cómo se llama? El Rojo y el Negro. *¿Para qué?* ¿Qué? ¿Para qué la lees? No sé qué decir. *Porque sí, me gusta.* ¿Qué?, ¿qué es lo que te gusta? *Leer. ¿Por qué? No sé. Sí sabes, sabes mucho.*

Me muestra cómo se viene, la cantidad, tiene en la mano la cantidad. Está orgulloso de eso. Me pregunta cuánto me vengo yo, le digo, me habla de mujeres. No indaga en lo que yo pienso, solo me cuenta, cosas, deseos. Entonces lo sigo en eso del voleibol, veo qué es ser bueno en eso, lo entiendo por él. Mirándolo. A tiempo completo. Leo y lo miro jugar a tiempo completo. No hago nada más allí. Leer y mirarlo jugar. Veo que todos lo descubren igual que yo. Las muchachas, también los duros, los que roban, fascinados con él, con su cara, esa cara aparecida, nueva, que sale al encuentro de todos y que obliga a ver el cuerpo blanco, sudado, que salta y golpea la pelota en el aire y que sonríe con una sonrisa que ahora se ve. Veo cómo se admira, cómo pasa eso. Por primera vez. Cómo nace de pronto, *eso.* La admiración. Mirándolo saltar, caer, triunfar. Cada día, cada semana. Siento cómo lo miran todos, a la vez, junto conmigo, a través de mí, de mis ojos, cada tarde, cada partido, cada victoria en la cancha. Lo sigo a donde fuera, después de clases, al comedor, al receso, al campo. Mi tiempo es suyo. Lo vi antes que nadie, lo ayudé con las manchas, ahora que la espalda reluce es también mi descubrimiento. Todos están orgullosos de él, lo quieren cerca, es el mejor, pero él no me abandona, no se aparta, no me usa. Tiene sábana, nadie se la roba ya, también yo tengo sábana por él. Me dice: *Tú harás algo,* lo dice porque leo, por los libros, porque le impresionan los libros, aunque no lea.

Que no tenga privilegios, que sea uno más, que busque su sitio, que vea cómo es, dice siempre ella. Al fin entiendo lo que quiere decir: me fugo a los pueblos con él, a deambular, a buscar comida. Salto a las turbinas de agua con él. Robo exámenes, escupo con él sobre la mierda de los profesores.

¿Estás bien?, pregunta mi abuela. ¿En la escuela? ¿Estás bien? ¡¿Bien?! Claro que estoy bien, abuela, entre el orine y la mierda de los albergues, con el descaro de los profesores que no enseñan, con la putería y el abuso a mi alrededor. Está él.

Parecen hermanos, dicen los otros. Él no responde, pero siente orgullo de que nos vean hermanos. Aprendemos eso allí, la lealtad, escondidos del trabajo, fugados por el campo, bajo lluvia, sol, comiendo naranjas para llenarnos, compartiendo el jabón, la ropa, las botas, la peste, la fiebre, los chistes. No aprendo allí nada más que eso. No aprendo otra cosa que él. No tengo nada mío, una sábana, una muda sucia para la semana, *El Rojo y el Negro.* Lo demás me lo robaron. Estaba él.

MADRE: *Lo dejas de una vez en casa del padre y regresas enseguida, que estoy apurada.*

El último verano

PADRE: Parten, al fin, a toda velocidad en el jeep verde olivo. Un viaje largo por la Carretera Central. Entran por la puerta de Las Lomas desde donde ven el pueblo, el valle, el río. Se detienen frente al jardín, Él se baja corriendo con el maletín en la mano y se abraza a mí, que ya estoy en la puerta esperándolo sin camisa, en short, con los brazos abiertos. Le acaricio la cabeza, el pelo. Lo hago entrar a la lentitud, a la penumbra de la casa. *Has crecido mucho este año, estas más flaco,* le digo. Cada año está más flaco, más alto, más crecido. Luego Él recorre los cuartos, la cocina, el lavadero, los pasillos, se asoma a las ventanas, al patio de tierra lleno de gallinas, piedras y conejos encerrados en jaulas de madera con alambre, conejos de ojos rojos, blancos, nerviosos, que crio y mato para comer, el patio por donde cruza la zanja fría de agua verdosa, llena de limo, de ranas. Lo sigo mientras le voy preguntando por la escuela, los exámenes, las notas, lo que por fin va a estudiar. Él no entiende. No puede entender lo que es. Lo que pasa. Le quito la camisa sudada, la pongo a secar en el respaldo de una silla, le sirvo el almuerzo y me siento al otro extremo de la mesa a verlo comer, callado, sonriendo de tenerlo allí, otra vez, otro verano.

¿No tienes hambre?

ÉL: *Sí.*

PADRE: *Come.*

ÉL: ¿Y tú no comes?

PADRE: *Me gusta verte comer.*
Puedo sentir la desesperación de esos momentos, la mía. No la de él. En cualquier momento me iré, lo sé, mientras Él disfruta su verano. Un verano conmigo. Uno más entre los que vendrán. No entiende, no puede entender.
Te tengo un regalo guardado, es una sorpresa.
Siempre tengo un regalo que ha llegado en algún paquete de Miami. Mis hermanos, sus tíos, mi madre, desde hace años están allá y mandan paquetes con cosas para los que se han quedado.

ÉL: ¿Qué es?

PADRE: *No sé. No lo abrí todavía.*
Vivo solo en esa casa del pueblo desde que a mis hermanos les llegó la salida y se fueron. La vida se reduce a esperar. Como el permiso de salida se retrasa, la vida pasa mientras espero empezar en otra parte. Tengo mujeres, pero no familia de verdad, excepto cuando viene Él el mes acordado durante las vacaciones de verano. Por eso tengo todo el tiempo para dedicárselo, un tiempo enorme que vuelco en Él con la paciencia del que está condenado.

ÉL: *Son globos.*

PADRE: ¿Nada más? ¿Seguro? Yo vi algo más.

ÉL: *Chicles.*

PADRE: Para Él hay siempre globos en esos paquetes y chicles. Le inflo los globos, que huelen a nuevo, a plástico, les pongo unos zapatos de cartón en la embocadura para que queden parados en el suelo como si estuvieran amaestrados, son unos globos alargados, tersos como plantas de goma, que deslumbran por sus colores nuevos, y lo obligo a jugar todo el tiempo con ellos para que los aproveche antes de que se vaya. Al final, cuando se va, los globos inflados quedan parados en una esquina de la sala, un jardín de globos, a la espera del próximo verano. *Guárdamelos,* dice tapándolos con una sábana y se va. Ni soñar con que pueda llevárselos. Son globos clandestinos. Allí se quedan inflados, en una esquina de la sala, hasta que poco a poco, con los días, revientan solos.

Cuando el permiso de salida te llega, tienes que partir a la carrera, a la hora que llegue, lo mismo de madrugada que de noche, o a media mañana, justo con lo imprescindible, sin tiempo de llamar por teléfono (llamar a la ciudad por operadora es difícil y lento) y despedirte. Este verano puede ser el último, el penúltimo, el antepenúltimo quizás. Nadie lo puede prever. Nadie sabe cómo funciona el mecanismo. El gran mecanismo de las salidas. La intensidad con que lo atiendo le resulta lo más normal del mundo, lo justo, lo que jamás acabará. No entiende. No puede entender. Yo sí, por eso son esos días los días que son para los dos, juntos, siempre solos, desandando las calles del pueblo, entre los hierbazales del patio de tierra con los conejos, al fresco en el portal por las tardes o en la oscuridad del taller de mecánica donde trabajo castigado por haber pedido la salida definitiva del país.

En mi casa duerme la siesta conmigo, bajo el mosquitero, en la cama grande, come con servilletas de tela, en vajillas de verdad, con cubiertos de plata, lee los *comics* que colecciono desde niño, *El pato Donald, La perra Lazzie, Supermán...* amarillentos, también clandestinos, coloreados, en una caja de cartón, que es su caja de leer. No sabe. No puede saber.

Montados en bicicleta recorremos las calles, yo en la silla, pedaleando, Él en el estribo entre mis brazos aferrados a los manubrios. La bicicleta, Él y yo, por el pueblo, bajo el calor. Un centauro parecemos. Mitológico. El verano acaba, puede ser el último, temo que sea el último, o tal vez no, tendremos otros. No sé. Nadie sabe. Inescrutable el mecanismo no habla, no da señales. Solo sorpresas.

Él vuelve a la ciudad con la madre, a la beca.

Presiento que ya no lo alcanzaré.

SEGUNDO MOMENTO

Masa y Poder

AUTOR: Memorias de algunos meses de 1980.

ÉL: Dicen mi nombre por el audio, que me presente con urgencia en Recepción. Al llegar, veo a mi abuela. Algo ha ocurrido para que venga entre semana a la beca. *Tú madre no sabe que vine, tenemos que hablar,* me dice. Nos sentamos en el parqueo, dentro del carro alquilado que la trajo de la ciudad. Saca entonces de su cartera una carta que un pariente le ha enviado desde el pueblo a modo de explicación, de información por los actos de mi padre. ¿Mi padre? ¿Qué pasa con él? Allí relatan lo que ha pasado. Lo que está pasando. Lo que seguiría pasando. Lo que pasó. Escucho, pero no escucho, no entiendo lo que escucho hasta mucho después, semanas incluso. Mi abuela lee la carta mientras me sostiene la mano. En ella cuentan cómo había corrido la noticia de que una embajada estaba dando asilo político a los que lo quisieran, cómo, junto a otros del pueblo, mi padre, durante la noche, había viajado en un camión a la ciudad, cómo había entrado a la fuerza en esa Embajada, cómo aún estaba dentro esperando a que le dieran la salida del país, que reclamaba, que reclamaban los delincuentes, marginales, traidores refugiados allí.

¿Mi padre?

Las imágenes de lo que sucede en la Embajada están en la televisión. En la carta condenan lo que mi padre ha hecho, *imperdonable, una barbaridad,* escriben dándonos ánimos, en particular a mí, al hijo, que sea fuerte, que no tenga miedo, que cuente con el afecto y el apoyo de quien quiera que fuese el que escribía aquello. No fijo detalles del relato. Demasiadas palabras, demasiados afectos. ¿De quiénes son esos afectos? ¿Esos consejos? No quiero esa solidaridad. No la necesito. Al terminar de leer, mi abuela dice que nada me pasará, que por esa parte esté tranquilo. ¿Qué parte?, pienso, pero que no cuente lo sucedido a nadie. Menos en la beca. Es importante no hablar. Y lo repite otra vez: *No te harán nada por eso.* ¿Quién? ¿Por qué? ¿De qué habla? Se va asustada, llorosa. Vuelvo a las clases, no sé bien qué pensar, en realidad no pienso nada, por supuesto no digo a nadie qué ocurre. ¿Pero ocurre? ¿Está ocurriendo? Parecen hechos ajenos. De otro mundo.

La televisión pasa el día entero imágenes de la Embajada ocupada, repleta de gente, cuentan cómo los primeros en entrar lo hicieron matando a un custodio. No paro de mirar esas imágenes, las miro mientras las repiten y no entiendo qué tienen que ver conmigo, con él. La ira crece entre los maestros y los alumnos en la beca. En los matutinos, durante la semana, no se nos habla de otra cosa. Las condenas que coreamos formados en el patio central nos enardecen. ¿Qué pienso, qué siento? No lo recuerdo. Lo borré. Coreo con los demás cada condena, cada consigna, indignado de lo que veo, de lo que escucho que está sucediendo, *algo inaudito, sin precedentes.* Convencido de eso. Molesto de lo que pasa, allí, en las imágenes. Lo desagradable de aquellas secuencias, de aquellas caras. Caras tan distintas a la de mi padre. No lo relaciono. No obstante, sé que no debo hablar. Pero no lo relaciono. No entiendo.

Hacia mediados de semana informan en el matutino que antes del pase desfilaremos frente a la Embajada ocupada junto a cientos de estudiantes que protestarán al lado del pueblo por los sucesos. No me niego a ir, no invento fiebre, catarro, ningún malestar. Voy. No es conmigo.

El día del pase. Salimos en las guaguas. Al llegar al lugar de los hechos, en la ciudad, organizamos grupos. Nos dan carteles, banderas. Lentamente nos unimos en bloque a los que marchan ininterrumpidamente, desde hace días, por la Avenida frente a la Embajada.

La ira crece, se convierte en fuerza, en energía, la gente corea repitiendo consignas, por los altavoces se oyen himnos a todo volumen que acompañan como una banda sonora la marcha y los gritos de protesta de la procesión. A unas cuadras de la casa donde está la Embajada tomada, empiezo a entender la situación en que me encuentro, hasta ese momento recuerdo mi euforia por la aventura, por todo aquello, por estar allí, en el desfile. En la medida en que nos acercamos a la Embajada, veo cómo los que me rodean dejan de jugar, cambian. También yo cambio. Justo al aproximarnos a la fachada, al centro del fenómeno, comienza el malestar. Mi malestar. *Entiendo* lo que está pasando, lo excepcional, lo desesperado que está pasando: mi padre está allá dentro, puede asomarse a una ventana, verme pasar, o verlo yo a él. Yo estoy afuera gritando, maldiciendo, condenándolo, él sigue dentro, recibiendo aquel desprecio, yo afuera en su contra sin que él lo sepa. Empiezo a *sentir* qué significa la situación. Estoy *con aquello* en el gentío. Ahora es un gentío y yo soy yo, solo, sin ayuda. Sin lógica. Arrastrado hacia allí. Hacia adelante. Hacia él. Contra él. Sin remedio.

A unos metros de la entrada de la casa, ya pueden verse subidos en el techo a algunos de los ocupantes. La gente a mi alrededor comienza, ya no más verlos, a gritar las condenas con una furia nueva, imprevista. Al estar justo frente a la fachada de la Embajada, tantas veces vista en esos días en la televisión, una conmoción corre por entre el grupo que está a mi lado, el verla en directo, al compás de los himnos que salen de los altavoces, con mucho más volumen ahora que estamos en el sitio, producen un estremecimiento compacto, profundo, en bloque, en todos nosotros, que hace que al unísono levantemos las manos y gritemos con furia desconcertante, sorpresiva. También yo grito. De modo inesperado, automático. Grito, vuelvo a gritar lo que gritan, lo que tenemos que gritar. Lo que nos han dicho que gritemos. Lo que se grita allí. En los poquísimos segundos que transcurre la pasada por frente a la casa ocupada, busco con ansiedad la cara de mi padre entre los que se asoman a las ventanas. A la vez que grito, repitiendo los coros, lo busco, con miedo, con ansiedad, grito y lo busco, las dos cosas juntas en un mismo impulso contradictorio, imprevisto, incontrolable. De pronto, recuerdo, bajo las manos, dejo de gritar, una reacción que ninguno a mi alrededor ve ni entiende. Al momento siguiente recuerdo que lloro, por mi padre dentro y yo afuera, por aquellos gritos que doy, que dan, por el desprecio, por esa emoción que nos une y nos aleja, por no ser y ser ellos, distante y unido a eso, a eso que pasa y no debe pasar, que desprecio y apoyo, lloro y el llanto borra las últimas imágenes de la fachada de la Embajada. El río de la marcha nos empuja hacia delante, a la realidad. Volvemos a ser los que buscan la salida, el punto de las guaguas en las entrecalles, las bromas, el griterío por encontrar asiento.

La banalidad del mal

MADRE: Llega eufórico. Lo esperaba; al verlo en ese estado, le doy ánimos. Aliviada, lo felicito, lo abrazo. *Tú padre ha actuado mal, terriblemente mal,* recuerdo que le repito, *no pensó en ti, pensó en él. Optó por él. No por ti.* Tenía que entender la situación en la que lo dejaba para huir, tenía que ser firme frente a lo que él había hecho. Al daño irreparable que había hecho. Asiente. Me entiende. Veo que comprende que el instante es trascendental. *Hay que definirse,* le digo, *ser claro, no vacilar en un momento así.* Está de acuerdo. Coincide conmigo. ¡Por fin! ¡Un gran alivio! Temía que no entendiera, que complicara las cosas. Pero no, no es así. Y me alegro. Y lo felicito otra vez, lo abrazo, lo beso. Le digo lo orgullosa que estoy. De él, de su fuerza, de su carácter. De tener el valor, el coraje de ver lo esencial, lo importante. Está emocionado. Por mis palabras. Por él mismo. Lo apoyo, le digo que tenemos la razón, que ya se dará cuenta, que confíe en lo que hace. La casa arde, recuerdo, el barrio, los vecinos, por lo que pasa a cada minuto, a cada instante. Por todas partes. Un momento único, definitivo.

Le pido que no salga a la calle, por seguridad. Todo está revuelto, confuso allá fuera. Es mejor aislarse, descansar, olvidar todo. Esperar tranquilo unos días a que se aclaren las cosas. *Es tu padre, nadie sabe lo que puedan pensar de ti, lo que pueda pasar.* Acepta. Comprende. Estamos juntos en esto, unidos por primera vez.

Pasa el fin de semana encerrado, cuidado por mí, atenta a que el padre no lo contacte por teléfono, si es que lo intenta, si es que se atreve, una vez que lo devuelvan a la casa a la espera de la salida que les están ofertando. Por las noticias, no paramos de ver las noticias, sabemos que los están devolviendo a las casas para después sacarlos del país.

Son días buenos para los dos esas semanas, recuerdo. Parece encantado de que lo cuide, que esté atenta, a su lado, sin pelearnos como otras veces. En la misma frecuencia. Unidos. Como nunca.

Lentamente la crisis pasa. Cesan las imágenes, las condenas en la televisión, en los periódicos, en la calle. Otra vez es la vida de antes, la nuestra. Entonces retorna a la beca. A sus clases. Yo a lo mío. Al trabajo. A los problemas, que no dejan tiempo para más. Una empresa requiere el ciento por ciento de nosotros. El día y la noche, sin respiro, sin vida. Un sacrificio que solo entienden quienes me conocen. Quienes estaban allí y saben que era así, que se vivía así.

Por familiares sabe que el padre sale del país en un barco junto a otros como él. Sin embargo, no hablamos de ello. De ese final, de esa salida. De los detalles de ese viaje. Cómo fue, cuándo, en qué condiciones. Preferible así. Saltar, abstraer el asunto. Las imágenes que puedan quedar de ese asunto. Tampoco soy buena en eso. En conversar. Creo mejor en lo que arregla el olvido. El país olvida. Y es lo que él necesita. El padre se fue para siempre. Un hecho sin vuelta atrás. Sin arreglo. Algo definitivo con lo que no hay que lidiar. Como la muerte. Irse así, como se fue él, es morir, desaparecer. Punto. Por otra parte, no parece afectado. No habla, no pregunta. No le interesa saber. De algún modo, le basta con lo que sabe. Con lo poco que sabe le es suficiente. Lo veo tranquilo, seguro, conforme. Sin inquietud. Como tiene que ser. ¿Hablar entonces de qué? ¿Para qué? De si llovía cuando zarpó, de si había tormenta o sol. De si corrió peligro o no durante la travesía. Simplemente hubo un viaje, una salida. Una traición.

Dejo de vigilar el teléfono y poco a poco cierro el caso.

Hasta hoy, que me piden hablar, volver a aquello. ¿Qué tengo que decir, en realidad? ¿Qué cosa evocar? Puedo reconstruir algo, hechos, quizás algunas ideas en juego, sin embargo, son ideas del pasado, ya superadas, que solo puedo rehacer, dramatizar ahora para ustedes. Y cuando haces esto, no son las ideas, las grandes ideas políticas que fueron, son fantasmas de ideas. Lo que pueda decir es inservible para lo que se busca en esta obra: *saber* qué fuimos.

En cuanto a eso, una última consideración y hago mutis de este texto: quizás no actué bien, no obstante, esa era la persona que yo era en ese momento y creía en esa persona y estaba apoyada por la mayoría que creía que actuar así era justo. Lo correcto. Lo digno. No existe arrepentimiento, es un melodrama, una hermosa ficción que ojalá pudiéramos tener a mano: arrepentirnos de verdad. Cuando nos arrepentimos, ya somos otros y el pasado no tiene conexión con lo que pensamos o somos ahora. Estamos viejos, vemos las cosas de modo diferente a cómo las veíamos, cambiamos de parecer y seguimos adelante. Quejarse de lo que pasó, exigirnos ahora por lo que fue o no fue, por lo que hicimos o no hicimos, es tonto, porque nadie escucha ese pedido, esa queja, no hay nadie para escucharla, para hacer algo real con ella. No estamos allí. Si la escuchamos, es tarde, somos ya otros bien distintos y el reclamo no produce nada que resuelva nada. La justicia no existe, ni la real reparación, solo ocupa el presente, seguir, continuar, luchar, existir.

Soy otra.

Camino hacia sí mismo

PADRE: No es hasta el próximo verano que vuelve al pueblo con la abuela, me cuentan mucho después. Al final de esa visita, antes de regresar a la ciudad, deciden ir, quizás por formalidad, a ver a la hermana paterna, mi otra hija, que vivía a cuadras de mí. Por ella se enteran de que la casa continúa deshabitada, sellada desde la salida. *Cómo has crecido,* le dice, me contó ella que le dice al verlo en la puerta, y se lo dice, me cuenta, como le decía yo cada verano en que reaparecía más alto, más crecido. Lo besa en la mejilla y los invita a almorzar. Aceptan.

En algún momento de la tarde, después de la comida, en el instante en que están casi por irse, con mucho cuidado, ella, la hermana, comienza a contarles lo ocurrido después del regreso de la Embajada a la casa, los sucesos de aquellos días del año anterior, que Él no supo o no quiso saber, o no le dejaron que supiera.

Ella le cuenta que, a la salida de la Embajada, en vez de regresar directamente a casa para esperar la salida, decido, quizás por miedo, pasar esos días de espera en casa de unos primos en otro lugar donde no me conocieran. Los primos están en la misma situación que yo, le cuenta, por lo que pienso que estaré más seguro allí. A salvo.

A la mañana siguiente de llegar a esa casa, organizan frente a ella, afuera, un mitin de repudio. Ella entonces le describe, me dijo, lo que sabemos ocurre en esos mítines. Cientos de personas reunidas frente a la casa que comienzan a gritar insultos, consignas, a tirar huevos, piedras contra la fachada, las ventanas, la puerta de la calle.

Estamos al fondo, en la última habitación, por el suelo, por las esquinas, contra las paredes, en la oscuridad, no hay luz, las ventadas cerradas, calor, mucho calor. Alguien en la desesperación propone salir por atrás, por el techo para alcanzar otro techo, y huir. Por todas partes que nos asomamos, hay gente apostada, esperando, con palos, piedras, que nos gritan. Estamos sitiados. Los vecinos han sitiado la casa. Por el patio, por los pasillos, por la azotea. Regresamos adentro, a la oscuridad, al suelo, por miedo a una pedrada que atraviese los cristales. Hay hambre, no hay comida desde ayer, ni agua. Solo pode-

mos esperar, pase lo que pase, sin conciencia, sin realidad, sin tiempo, con miedo.

Tuvo miedo, le dice, *¿te imaginas? Es importante verlo, sentirse allí dentro con él y verlo,* esto último no lo dice, me dijo que pensó decírselo, pero que no pudo. Le dio pena con Él. Durante dos días cercan la casa, cortan la luz, el agua, el teléfono. El día en que por fin llega la salida a los primos, los que están afuera son avisados de antemano. Como saben que ellos tienen obligatoriamente que salir por la puerta principal si quieren irse, los están esperando. Al aparecer el padre, al que no conocen (porque todos se conocen, los de dentro, los de afuera, son vecinos de toda una vida y él un extraño al que no conocen), lo golpean en la cara, en las costillas, lo tiran al piso entre patadas, lo izan en el aire, por sobre las cabezas de la multitud, lo lanzan una y otra vez contra el suelo hasta dejarlo seminconsciente, le cuenta, como yo le conté a ella, lo que fue, lo que es.

Él no pudo irse en ese mismo momento con los primos, le explica ella tras una pausa, una pausa donde nadie habla en esa sala, esa tarde. Su salida debe realizarse, según la ley, desde la dirección real, así que lo devuelven a su casa en ese estado a que espere turno, le dice. Ella cuenta cómo tiene que entrar por el patio, gracias a la complicidad de un vecino, para verlo. El padre tiene, le describe, costillas fracturadas, dientes delanteros rotos, la cara inflamada, hematomas por dondequiera, en el pecho, en las piernas, apenas puede tragar, hay que llevarle, cada vez que puede entrar, y no siempre se puede, algo blando, puré o algo así, para que se alimente. Cuenta cómo el padre intenta llamarlo por teléfono cada día, obsesivamente, para hablarle, y cómo las llamadas, una por una, cada vez son rechazadas por la operadora. Le cuenta cómo ella, al final, saca de la casa la jaula de los canarios porque, le aclara, prohibieron llevarse muebles, adornos, ropas, fotos…

En el pueblo, sin embargo, los vecinos se niegan en silencio a dar un mitin al padre, le dice, nadie lo visita, pero nadie lo molesta tampoco, lo dejan tranquilo esos días finales en su casa cerrada. Cuando se marcha, está enfermo, con dolores, hace así la travesía en barco hasta allá.

Me contó ella, como Él, después de que ella termina de hablar, después de otra pausa, de un tiempo sentados allí en silencio, le comenta que Él vio cosas en la televisión, por ahí, en la calle, los golpes, los gritos, los tumultos, las carreras, que las vio de lejos, en el barrio, en otros barrios, andando y viniendo, que oyó historias de gente a la que al irse le pasó eso, pero que no lo relacionó. ¿Por qué?, le pregunta ella. *No pensé que pasara, no a él,* le responde Él. ¿Cómo no ibas a pensar que pasaría si lo estabas viendo?, insiste: *No sé, no entiendo.* Y calla, supe después.

Pienso que ahora, en este momento, Él trata, el que escribe en Nueva York, el que siguió escribiendo, trata de entender ese *no entiendo* dicho esa vez a la hermana, esa tarde, en aquella sala, después de la pausa. Trata de recordar qué pasa con él, dentro de ese él que era, pero que ahora, como le hizo decir a la madre, también ya es otro y no recuerda. Es extraño no recordar quién fue uno, ¿no? O por qué uno fue así, de esa manera que ya no reconocemos. Quiere, pero no encuentra camino hacia sí mismo, hacia el que era, el que no pregunta, no indaga, no reacciona, no relaciona.

Ajeno, abstraído, estuvo esos meses, a la espera del cuento de la hermana. Cuento que conocí después, años después, cuando ya no importaba, cuando no importa. También soy otro, lo siento. Un viejo. Un hombre cualquiera que trabajó duro para abrirse paso. Acá. Lejos. Alguien que tuvo que seguir, borrar y cortar, como tantos. Ni más padre ni menos padre que nadie. Uno que huye, que abandona, que se rehace. Que hizo lo que pudo.

¿Qué más da lo que escriban o representen después, ahora? Lo que Él escriba o confiese. ¿Qué importa la verdad después, ahora? ¿Qué hacer con ella ahora? ¿Con este texto?

Sueño

ÉL: Salimos a la calle, mi abuela no habla, en la parada digo que soy culpable, que ella también lo es. Culpables. Ella llora y calla, y me pide por mi bien, por mi futuro, que calle, y le hago caso. Callo. Volvemos a la ciudad, callados.

Luego vuelvo al pueblo, a casa de mi padre. En sueños. Cruzo el jardín, toco la puerta. Lo llamo. Me impaciento. Vuelvo a llamar. Grito. Espero a que abra. Adormilado, sonriente. Y me deje pasar a la oscuridad de la sala. Algunas veces abre, otras no. Entonces quedo afuera, con el frío, el maletín en la mano, en la noche. Siempre consciente de que no abrirá, sigo allí, en la puerta, bajo la luz fría que parpadea, sin dónde dormir, sin dónde esperar la mañana.

Epílogo

AUTOR: Epílogo escrito en La Habana en 2012.

Mi padre no regresó, no lo volví a ver en los treinta años siguientes. Es un hombre mayor, a punto del retiro, crió a otros hijos y rehízo su vida. En el exilio.

Con el tiempo, también ella, mi madre, de un modo desconcertante, decide irse, un proceso difícil y muy largo, de años, llegar a romper con todo, con ella misma, pero llegado el momento crítico lo hace y se va. Escribo se va. Punto. Se va. Ella. También. También. Punto. Vive fuera, sola, gana dinero. Ha tenido éxito en el negocio.

Ninguno de los dos volvió a verse otra vez. Hablo de ellos. De mis padres. Los dos que un día fueron muchachos de un pueblo. Nunca tuvieron que volver a tratarse por algo oscuro relacionado conmigo. Sus ideas políticas son ahora bastante parecidas, difieren solo en matices, mi padre es republicano y ella adora a Obama.

Cuando los he visitado, en años recientes, me han recibido con amabilidad en sus respectivas casas, he conocido finalmente a sus familias, a sus amigos, a sus allegados, he visto los lugares donde han transcurrido sus vidas (lejos de la mía), me han sacado a pasear por las ciudades donde viven, durante esos viajes míos, me han dado dinero las veces que no he tenido el suficiente (hago teatro, viajo con el teatro y el teatro nunca da para nada). Me han llevado a cenar, hemos conversado y he dormido en sus casas. Les he dado las gracias por la atención y he prometido, antes de irme, escribirles más seguido. Desde que ha sido posible, recibo correos electrónicos de felicitación por fin de año, por cumpleaños, también fotos de sus nietos, nietas, sobrinos y sobrinas, de vez en cuando los encuentro en Facebook, les dejo mensajes, saludos. Es caro llamarlos, aunque es mejor escribir, es sencillo escribir *hola, saludos, besos, que estén bien, feliz año, recuerdos y abrazos a todos.* Escribir es más sencillo. Hablar es caro, imposible.

DISCURSO DE AGRADECIMIENTO

Escritor

Guillermo

Madre

Edecán

Periodista / Foro

Una mesa, dos portátiles, teléfonos móviles. Será, cada vez que la ocasión lo requiera, el estudio de Guillermo, el estudio de El Escritor, el comedor de la casa de La Madre o la oficina del Edecán. Un set único donde confluirán los personajes desde distintos lugares y horarios del mundo.

La obra puede hacerse usando tecnología o sin ella. Al final, lo virtual es pretexto, espacio ilusorio.

Foro y Periodista *serán interpretados por los mismos actores que hacen los restantes personajes.*

1.

Foro.

Los actores leen desde sus móviles comentarios aparecidos en redes sociales. Cada vez que el Foro se presenta las voces de los actores al leer sus comentarios se entremezclan a modo de canon.

ACTOR: El premio Milenium, sí, créanlo o no, acaba de ser otorgado hoy en Madrid a escritor cubano residente en la isla. Es un hecho. Dejo link para que los no entendidos sepan de qué premio estamos hablando. También dejo lista de los escritores que lo recibieron antes.

ACTOR: Merecido. Muy merecido. Gracias por informar.

ACTOR: ¿Cierto? ¿Confiable la noticia? ¿Salió dónde?

ACTOR: Me levanto con la sensación de que hay justicia. Gran reconocimiento a un escritor nuestro. Con tu permiso, comparto.

ACTOR: Es un chiste, ¿no?

ACTOR: No, no lo es.

ACTOR: ¿Cómo van a dar un premio a una obra que apenas la conocen tres o cuatro privilegiados? Lamento aguarles la fiesta, pero no me jodan, aquí hay intereses políticos.

ACTOR: No quiero resentidos en mi muro. Acepte que ganó sin venderse. Limpiamente.

ACTOR: ¿Qué si vive aquí o allá, si es de izquierda o de derecha? No politicen el asunto. No empiecen a tergiversar todo.

ACTOR: ¿Se puede hablar? ¿Acaso alguien es jefe aquí? Digo lo que digo porque es verdad. Lo premian por callarse, por cobarde. Por neutral. Por no decir públicamente lo que hay que decir. Demasiada gente censurada, presa en la Isla para callar lo que se piensa. Un insulto. Esperen el discurso de aceptación que dará. Entonces, me dirán.

ACTOR: Perdóname, querido, ¡cuánta intolerancia! No te reconozco.

ACTOR: Es un escritor. Un artista. Nunca supe que hiciera daño a nadie.

ACTOR: Difamar es fácil. La ética puede ser un gesto que ilumine un pedacito del mundo que no alcanzas a ver.

ACTOR: Retórica.

ACTOR: Premio *Milenium*. Hashtag Cuba, arte, política, amigos, miedo, madre, exilio, sangre.

2.

El Edecán y el Escritor a cada extremo de la mesa conversan por sus ordenadores.

EDECÁN: ¿Escucha?

ESCRITOR: Perfectamente.

EDECÁN: No le escucho. Abra el micrófono. El micrófono…

ESCRITOR: Puedo hablar más alto. *(Con más volumen.)* ¡Hola!

EDECÁN: El micrófono… Es el ícono que está debajo, a la izquierda.

ESCRITOR: ¡Ah! *(Abre el micrófono.)* Disculpa, no me di cuenta de que estaba cerrado.

EDECÁN: Ahora sí, perfecto.

ESCRITOR: Hola.

EDECÁN: Hola. *(Le hablan por audífono en su oído. Escucha.)* ¿Me preguntan si tiene manos libres? Mejoraría la calidad de la transmisión.

ESCRITOR: Ni siquiera sé a qué te refieres.

EDECÁN: *(A su teléfono.)* No tiene. ¿Puede probar nuevamente el volumen?

ESCRITOR: ¡Hola!

EDECÁN: Me dicen que le pida mantenerse a esa distancia del ordenador durante la ceremonia.

ESCRITOR: De acuerdo.

EDECÁN: ¿Tiene otra fuente de luz en la habitación?

ESCRITOR: No, no tengo.

EDECÁN: Mire al centro de la pantalla.

ESCRITOR: ¿Así?

EDECÁN: Un poco más hacia la derecha.

ESCRITOR: *(Lo hace.)* De acuerdo.

EDECÁN: ¿Puede leer sin gafas?

ESCRITOR: ¿Por qué lo preguntas?

EDECÁN: Evitaría el reflejo en los cristales.

ESCRITOR: Puedo.

EDECÁN: Perfecto, entonces. Déjelo todo como está. En breve regreso. No se desconecte. Serán solo unos segundos. Debo darle algunas instrucciones más.

ESCRITOR: Sigo aquí.

3.

En su estudio (la misma mesa común) Guillermo, mientras trabaja en el ordenador, graba mensaje.

GUILLERMO: Hola, aquí de nuevo. Disculpa que insista. ¿Recibiste la solicitud de amistad que te envié ayer? Imagino lo ocupado que estarás con la ceremonia. ¿Es esta noche? ¿no? La noche de acá, me refiero. La tarde para ti. *(Pausa.)* Grabo mensajes porque escribir me roba tiempo, pero sé que puede ser molesto a veces. ¿No entras aquí? ¿Escucharás esto al menos? No hagas lo que yo, que paso por las redes, miro y me escapo. Dame una señal. Veo por las fotos que han publicado que sigues igualito, la misma cara, tu mirada. Sabía que lo lograrías. El premio es la prueba. Felicitaciones. Acéptame para estar en contacto. Estaré aquí. Vale. Abrazos, Guillermo.

Corta. Lo envía.

4.

Suena timbre de llamada. Insistente. El Escritor sentado a la mesa no responde. La Madre sentada al otro extremo espera. Cuando cesa el timbre deja mensaje.

MADRE: ¿Por qué nunca respondes cuando te llamo? ¡Qué mala costumbre! Necesito hablarte. ¿No te das cuenta de lo sola que estoy aquí? Nadie lo sabe. ¡Qué desgracia! Entró un frente frío. Horrible. Estoy acatarrada. *(Tose. Se arrebuja en su abrigo.)* Me asusté cuando empecé a toser, aunque no creo que sea *eso*. No puedo tener la mala suerte de contagiarme. ¿Estás ahí? ¿Cómo está La Habana, con frío también? Si hay frío aquí en La Florida, también lo habrá allá. Llama, quiero hablarte de lo que está pasando contigo. ¿Lo has visto? ¿Lo que dicen en Facebook de tu premio? Me preocupa. ¿Podré entrar a ver la ceremonia esta noche? Hay un cartel en la página que dice: solo para invitados. Necesitas un código para entrar. ¡Qué mala suerte que no pudieras viajar para recibirlo! Tan bonita Madrid. En realidad, toda España lo es. Tengo tantos recuerdos de cuando estuve allí. ¿Sabes que estuve allí? Fue por trabajo. Mi primera salida de Cuba, tremendo. ¿No vas a responder? ¿Por qué debo ser la última en saber tus cosas?

5.

EDECÁN: Aquí de vuelta. Gracias por la espera.

ESCRITOR: No es problema.

EDECÁN: ¿Nervioso?

ESCRITOR: ¿Cómo no estarlo?

EDECÁN: Repaso cosas puntuales: la ceremonia comienza a las ocho de la noche, hora de Madrid. Es decir, en una hora y diez minutos exactamente. Una vez comenzada la transmisión lo primero será que la Fundación dé su mensaje tradicional con los principios que rigen el premio. Justo después el presidente del jurado leerá el dictamen y lo anunciará para que lea su discurso de agradecimiento. No habrá problemas. Tampoco hay exigencias de tiempo. Por lo que podrá leer despacio. Sin tensiones. Para que se le entienda con claridad. Según la copia que tenemos calculo unos quince minutos de lectura.

ESCRITOR: Escribí demasiado.

EDECÁN: La última versión que nos ha enviado es un tanto más breve.

ESCRITOR: ¿Entonces concuerdas conmigo?

EDECÁN: ¿Sobre qué?

ESCRITOR: Que es un discurso vago, aburrido, por no decir tibio, pusilánime.

EDECÁN: No, no dije eso.

ESCRITOR: Unos pocos cortes no salvan un escrito.

EDECÁN: Me refería a que resulta más sintético. Nada más.

ESCRITOR: *(Molesto.)* De cualquier modo no es algo cómodo de hacer para mí. Dar un discurso, recibir un premio así. ¿Por qué yo? ¿Por qué ahora?

Pausa.

EDECÁN: Bueno, ¿cómo se siente hoy? ¿Más tranquilo?

ESCRITOR: Sigues tratándome de usted.

EDECÁN: Disculpe.

ESCRITOR: No dormí leyendo correos. Escuchando mensajes. Una locura.

EDECÁN: Ya descansará cuando todo termine.

ESCRITOR: Amigos de los que perdí el rastro por años que reaparecen.

EDECÁN: Puedo imaginarlo.

ESCRITOR: Cortas y olvidas. Y de pronto, todo vuelve. Regresa.

EDECÁN: El éxito despierta la curiosidad. La controversia. Lo que estaba dormido alrededor de usted. De sus libros. Anestesiado. Se acostumbraron a verlo y a leerlo de una manera y de pronto eso cambia. Dispara las alarmas. El interés. Es natural. Debería disfrutarlo.

ESCRITOR: Es cierto.

EDECÁN: Estaba en el plan de la visita mostrarle la ciudad.

ESCRITOR: Lástima. No conozco Madrid. Me hubiera encantado.

EDECÁN: Sin embargo, la ceremonia virtual la verán más personas de lo habitual. Una compensación, ¿no cree?

ESCRITOR: Hubiera preferido viajar. Salir fuera. Llevo meses encerrado entre estas cuatro paredes. Deprimido, solo. Una soledad que no conocía.

EDECÁN: ¿No sale de casa?

ESCRITOR: Lo imprescindible. ¿A dónde ir? ¿A hacer qué? La gente anda enloquecida, desesperada por la escasez, la crisis. Prefiero no ver.

EDECÁN: Pero tiene lo que necesita, ¿no? ¿Comida, dinero?

ESCRITOR: Estoy bien. Gracias.

EDECÁN: ¿No quiere o no puede salir? Si hay la posibilidad de ir a un parque, a un jardín, pasear, meditar, entonces no es tan malo.

ESCRITOR: La Habana no es ciudad donde puedas ir a un parque a meditar.

EDECÁN: ¿Qué quiere decir?

ESCRITOR: No existe el concepto. Tampoco hay jardines como a los que estás acostumbrado, imagino: solitarios, aristocráticos, donde estar en paz. Algo cultural, seguramente. De siglos. Poder estar realmente en un sitio con uno mismo. Aquí siempre estás con todos todo el tiempo.

EDECÁN: *(Lo interrumpe. Escucha algo por sus audífonos.)* Me recuerdan que es importante que no se salga del escrito por la traducción simultánea al inglés. ¿Hay algún otro cambio que quiera hacer al discurso?

ESCRITOR: No.

EDECÁN: Estaré conectado por si me necesita. Cerca de la hora le aviso.

ESCRITOR: ¿Me decías que eras cubano?

EDECÁN: Mi madre nació en la Isla. Emigró siendo yo pequeño. Me crié acá. Nunca volví. Se lo conté en una conversación anterior.

ESCRITOR: Ya no lo olvido.

EDECÁN: Enhorabuena.

6.

Trabaja en su ordenador mientras graba mensaje.

GUILLERMO: Recuerdo el día en que nos conocimos. Veníamos de regreso del trabajo en el campo, y en el camino caímos juntos. Por pura casualidad. Uno al lado del otro. Nunca antes habíamos hablado –con lo raro que eras ni muerto lo habría hecho– y de pronto me preguntaste si conocía a *Simbad el Marino*, (¡si hablábamos de ese libro ¿qué edad tendríamos?!) *¿Simbad, qué?* te dije sorprendido de que me hablaras a mí. ¿Tú, hablándome a mí? *El Marino*, me respondiste como si fuera alguien a quien debía conocer. *¿Y ese quién es?* te dije molesto, a la defensiva. Entonces comenzaste a contar su historia. La de sus viajes. Había llovido y el fango se metía en las botas plásticas, desbaratadas, que usábamos. El fango rojo, la ropa empapada por la lluvia, apestando a sudor, un sudor de días, de meses, el cansancio del trabajo del campo, y tu cuento que me empezó a interesar. A dominar. A sacarme de allí. De aquel infierno. De aquella escuela. No quería escucharte, pero no podía desprenderme tampoco. Al llegar al dormitorio, recuerdo que me bañé a la carrera y fui a buscarte a tu litera para que lo terminaras, esos viajes de los que guardo todavía flashazos: un águila en el cielo con un huevo gigante entre las garras, un monstruo saliendo del mar. Desde entonces no nos separamos más. *(Se detiene de pronto, y mira un mensaje que ha entrado en su ordenador.)* Perdona, tengo una llamada de urgencia, ya vuelvo. No te vayas. Aún no termino.

Corta. Lo envía.

7.

Periodista y el Escritor. Conversan por cámara.

PERIODISTA: Gracias por aceptar. ¿Me escucha?

ESCRITOR: Sí, lo escucho.

PERIODISTA: Sabemos que para alguien que vive ahí, y siendo tan conocido como usted, dar una entrevista a un medio como el nuestro es complicado. Inusual. Así que le damos las gracias. ¿Nos escucha bien?

ESCRITOR: Perfectamente.

PERIODISTA: Nosotros también. Qué bien. Andamos con suerte hoy. Esperemos no perder la transmisión. ¿Cómo se siente?

ESCRITOR: Cansado. Noches que no duermo.

PERIODISTA: Hay un gran revuelo con lo de su premio, ¿está al tanto, me imagino?

ESCRITOR: Lo estoy.

PERIODISTA: Una polémica que ya es viral.

ESCRITOR: Sí.

PERIODISTA: ¿Qué opina sobre los comentarios en contra y a favor suyo?

ESCRITOR: Asumí que mis libros bastaban para ser entendido. No respetado, porque ya eso es un imposible según como están las cosas, sino entendido. ¡Descubro que me equivoqué! Nunca fui un escritor complaciente. Nunca. Desde mi primera novela. Pero nadie lee, es lo que pasa. Un oportunismo ramplón, de ignorantes.

PERIODISTA: Un coterráneo suyo, también escritor de la Isla, ha publicado lo siguiente. Cito: «El arte y la literatura son cada vez más políticos. No solo en lo que escribes, sino en tu posición pública. Cívica. Quien lo niega lo hace por miedo». ¿Qué piensa?

ESCRITOR: Lo importante es escribir. Y hacerlo bien. Sin miedo, pero sin prisa. Resistir la tentación de lo efímero, de la confusión. El peligro es la obviedad, la denuncia directa. La política en la literatura es distinta a la política real.

PERIODISTA: ¿Podría ampliar la idea?

ESCRITOR: La política real lucha por leyes, por cambios. Por espacios de diálogo. Es activismo. Contra el que no tengo nada, que se entienda. Más bien todo lo contrario. Sin embargo, un escritor no es un activista, la literatura trabaja con lo que la política real no puede legislar, ni resolver: catástrofes, dilemas. La política en la literatura es un dilema. Una encrucijada.

PERIODISTA: ¿Ejemplos?

ESCRITOR: Lo que se narra en mis libros no puede resolverse con ninguna política, con ninguna reforma, por buena o urgente que sea, porque es algo que no tiene remedio.

PERIODISTA: ¿Hablará en su discurso de agradecimiento de libertad de expresión, de censura? ¿De violencia policial?

ESCRITOR: ¿Estoy obligado a hacerlo?

PERIODISTA: Veo que no lo hará.

ESCRITOR: Es vulgar presionar.

PERIODISTA: Es vulgar no responder.

ESCRITOR: ¿Buscan un titular o una verdad?

PERIODISTA: Busco una respuesta.

ESCRITOR: No lo haré. No bajo presión.

PERIODISTA: ¿Recibirá el premio a nombre de su país?

ESCRITOR: No soy representante de nadie. Apenas de mí mismo.

PERIODISTA: ¿Le molestan las preguntas que le hacemos?

ESCRITOR: No.

PERIODISTA: ¿Por qué no vemos una respuesta suya, una declaración pública al menos? ¿Es pudor, temor?

ESCRITOR: Si quieren saber cómo pienso que me lean. Que me enfrenten desde ahí. Desde lo que escribo. Desde mi trabajo. No con un tuit o con un post.

PERIODISTA: ¿Nada que decir sobre los que aseguran que el premio está manipulado por la izquierda, la española en particular?

ESCRITOR: La gente que me lee no es mucha. Cierto. Estoy tan sorprendido como ellos. También feliz. También asustado. No esperaba tanta atención, tanta discrepancia. Fui ingenuo, supuse que esto no pasaría.

PERIODISTA: ¿Se considera una persona ingenua? ¿Cree en la ingenuidad siendo quien es, viviendo donde vive?

ESCRITOR: No, no lo soy, tampoco un farsante. Ese que quieren a toda costa ver en mí.

PERIODISTA: ¿Algo que agregar? ¿Agradecimientos?

ESCRITOR: Estarán en mi discurso.

PERIODISTA: Estaremos al tanto. Que estaremos al tanto. Hola. Hola. Esto se jodió.

Se corta la comunicación.

8.

Graba mensaje mientras prepara un sándwich sin dejar de vigilar la pantalla de su ordenador.

Guillermo: La una de la madrugada y sigo esperando. *(Silencio.)* Es broma. Sigo, porque trabajo de noche, desde casa. Mis jefes están en zonas horarias opuestas y tengo que estar de guardia en caso de urgencia. Diseño sistemas de seguridad, alarmas, claves, controles digitales para bancos y empresas. La mayoría asiáticos. Ellos ni saben que existo, soy solo un número de cuenta en sus nóminas. También la noche es perfecta porque te concentras al máximo. Un fallo puede ser catastrófico en lo que hago. *(Termina de preparar el sándwich. Come.)* Disculpa que hable y coma al mismo tiempo, a esta hora de la madrugada siempre me da hambre.

Corta. Envía.

La solicitud de amistad la viste ya, supongo. ¿O no? Imposible no verla. Técnicamente, digo. *(Pausa.)* ¡Qué importa! Ya la verás. Seguro recibes, como yo, tanta basura que ni miras lo que hay. Lo sé. También lo evito. Sobreexponerme, saturarme con polémicas de todo tipo que no tengo que saber. Ni de las que opinar. Quien se va de Cuba, como lo hice yo, debería ganarse el derecho de volver a empezar. Vaciarse, sanarse, no dejar que las mentiras, las medias verdades de gente que respetas o creías conocer bien te destrocen. Te alcancen. Te lastimen. Algo inevitable en estos días donde gente, incluso inteligente, querida, se convierte en caricaturas, en fantoches. ¡La lengua sucia de la política!

Corta. Envía.

(Vuelve a grabar.) Felicitaciones de nuevo por el premio. Habrás recibido miles, supongo. Seguro las mereces. Apenas encuentro tiempo para leer literatura, aunque no tengo que hacerlo para saber que eres bueno. El mejor. Tus composiciones en la escuela no tenían competencia. Ni las historias que inventabas. Geniales, de verdad. No las olvido. Cuando te encontré seguí tu rastro. Soy obsesivo buscando rastros –deformación profesional– y estoy seguro de que ahora sé más de ti que tú mismo. Comparada con la tuya, mi vida ha ido en caída libre. Error tras error. ¡Karma!, digo yo. Destinos. *(Busca en su ordenador)* Te mando link para que veas tu rating. Recuerda, estaré toda la noche.

Corta. Envía.

9.

Foro.

Los actores leen mensajes en sus móviles.

ACTOR: Es un escritor de tu país, querido. Tendrías que sentir orgullo

ACTOR: ¡Exactamente!

ACTOR: El orgullo lo reservo para quién me salga de los cojones. Nadie me dice qué defender, que es lo que pasa contigo, que estás obligado a dar opiniones que no sientes, a defender lo que odias.

ACTOR: ¿De qué me estás acusando tú?

ACTOR: ¡De indigno!

ACTOR: ¿Eso lo dice el que ha hecho qué, por los otros, por alguien?

ACTOR: ¡Exactamente!

ACTOR: Terminan siempre diciendo eso, ¿y tú qué hiciste aquí, cuando vivías aquí? Lo que hice o no ahí es otro mundo.

ACTOR: Un mundo que te facilita las cosas, amurallado en Facebook. Ofender desde aquí te va bien, lo que no tienes son argumentos. Nadie me manda.

ACTOR: No tienen que hacerlo. Te brindas solo.

ACTOR: ¿Por qué supones eso de mí?

ACTOR: Disculpen que entre tarde al debate, pero ¡¿escritor de mi país?! ¿De qué país? No entiendo cómo dicen eso, lean lo que escribe, la basura, la mierda que hay en sus libros. ¿Por qué lo defienden?

ACTOR: ¿Usted quién es?

ACTOR: Lean lo último que publicó. ¿Alguien en este foro lo leyó? No es serio, entonces.

ACTOR: ¡Otro bodrio reaccionario!

ACTOR: ¿Quién es usted? No hay nombre en su perfil.

ACTOR: Yo soy la voz de muchos.

10.

Graba mensaje mientras vigila lo que acontece en la pantalla de su ordenador.

GUILLERMO: Tengo dos hijos, ya grandecitos. *(Juega, alardea.)* Españoles los dos. Igual trato de que sepan de dónde vengo. Quién soy. Quien fui. Ahorita, antes de acostarlos, les enseñé tu foto en el ordenador y les hablé de ti, de las cosas que pasamos becados allá. *¿Qué es una beca, papá?* me preguntaron. *Un internado, hijos,* les dije. *¿Y por qué estabas internado tú? ¿No te querían en tu casa? (Ríe.)*

Corta. Envía. Recibe llamada. Habla con sus jefes.

I don´t have the code yet, don´t worry. We have a six-hour protection for the accounts, I´ll be watching all the movements. No need to worry. Bye.

Cuelga. Graba.

Les hablé, sobre todo, de cómo nos gustaba leer. Siempre el mismo libro, en voz alta, y siempre por las tardes, en las horas libres, sentados en la hierba, lejos de los demás, frente a los bloques de aquellos albergues enormes, fríos, donde dormíamos. En otra época –les conté– esos albergues habían sido parte de un hospital de tuberculosos en los que murió mucha gente, un lugar siniestro, les dije. Un lugar que terminó, con la Revolución, siendo una escuela. Y no una cualquiera, sino la mejor, la nuestra, en la que todos querían estar, entrar, ser parte del experimento. Les conté cómo mi madre, para dar el ejemplo, me internó enseguida.

Tenía ocho años. La misma edad de ellos hoy. Imagínate. Un mimado de clase media, un consentido, metido allí. Lejos, solo. Como tú. En eso fuimos gemelos, creo. Hermanos de sangre. Trabajando la tierra como campesinos, como obreros. Junto a niños que eran hombres, con maestros que eran niños.

Corta. Envía.

(Graba.) Sí, les hablé de lo mucho que leímos, sentados allí, en la hierba, junto a la piscina olímpica. La famosa piscina que apenas usamos, ¿recuerdas? Que teníamos que limpiar y limpiar, pero que ni usamos. Siempre la recuerdo a medio llenar, sucia, y a nosotros dentro limpiado las manchas, las losas del suelo. ¿Quién la usaba? ¿Para quién la limpiábamos? ¡Qué locura! Sentados allí, les dije, leímos por primera vez a Poe, a Hugo. A Stendhal. *(Pausa.)* ¿Te acuerdas de la piscina, de la ilusión que teníamos cuando empezaron a construirla? ¿Y del día en que, por fin, la inauguraron, cómo nos mantuvieron durante horas, en parada militar, esperando y esperando hasta que aparecieron aquellos coches negros, enormes, brutales, y lo vimos bajarse a Él y caminar rodeado de periodistas y de extranjeros, que le hacían preguntas y preguntas hacia el borde del agua? Fue la primera vez que vi extranjeros en mi vida y la primera vez que lo vi a Él. En vivo, quiero decir. Quedamos petrificados, mirando la escena desde lejos —sus gestos, las risas, las exclamaciones, los aplausos— en silencio, en shock, hasta que volvió al coche, nos saludó con la mano en alto, y se fue. Mi madre enloqueció con el reportaje que publicaron al día siguiente en el periódico, orgullosa de que fuera parte de esa historia, *de la Historia*, exclamaba. *¿Lo viste, a Fidel? ¿Ya te bañaste*

en la piscina? ¿Ya sabes nadar? Qué afortunado eres, decía, *qué afortunado.*

Envía. Graba.

¿Te molestan estos recuerdos? ¿Te resultan amargos? *(Pausa.)* Igual, estoy improvisando. Esperando a ver si apareces.

Envía. Graba.

¿Todavía no ves la petición de amistad? *(Pausa.)* Hubo en esta sierra helada donde vivo un atardecer –¡con agua y mucha luz!– que ni Turner podría pintar. ¿Sigues fan de Turner?

11.

Cada uno sentado a un extremo de la mesa. Cercanos y distantes al mismo tiempo.

MADRE: No te veo.

ESCRITOR: Yo sí a ti.

MADRE: Da igual, olvida la cámara. Lo que quiero es hablar.

ESCRITOR: De acuerdo. La cierro. Te escucho.

MADRE: No te escucho.

ESCRITOR: Ten paciencia, hay retardo.

MADRE: Que no te escucho. Ah, sí, ya, te escucho ahora. *(Finalmente, lo escucha.)* Exacto, retardo. ¡Qué mala suerte tengo! Nunca puedo escucharte bien. ¿Qué haces? Falta poco para que salgas, ¿no?

ESCRITOR: Me sacaste de la ducha. ¿Para qué me llamabas?

MADRE: Para hablar, para oír una voz al menos. Una voz familiar. ¡Qué pregunta! Estoy sola. Lo sabes. En esta ciudad, en un edificio lleno de viejos desahuciados que al menos tienen visitas de sus familias los fines de semana. Que no es mi caso. A nadie le preocupa cómo estoy. ¿Qué te cuesta poner un mensaje, unas palabras? ¿Contarme cómo te sientes?

ESCRITOR: Te llamé hace un rato y no respondiste.

MADRE: ¿Sí? Ah, seguro no oí el timbre porque estaba en el taxi de regreso.

ESCRITOR: ¿De dónde?

MADRE: Del Mall.

ESCRITOR: ¿Qué haces en la calle? No debes andar saliendo. ¿No me decías que estabas acatarrada?

MADRE: Llevaba días sin salir, mirando series, postrada, encerrada aquí. En el Mall al menos camino, entro en las tiendas, miro las cosas, la ropa, los zapatos, las vidrieras, me siento en un banco y me relajo mirando a la gente que va y viene. Y no almuerzo sola, ni siempre lo mismo.

ESCRITOR: Pero es peligroso.

MADRE: Tengo que arriesgarme, ¡no puedo más!

Pausa.

ESCRITOR: ¿Qué almorzaste hoy?

MADRE: Japonés, sushi. Un día japonés, otro tailandés, otro italiano, para variar. Para entretenerme. A mi edad es entretenerse hasta que llegue el día. Estás en las redes.

ESCRITOR: ¿Cómo? Sí, lo sé. Viral.

MADRE: Que estás en las redes. *(Lo escucha.)* Eso, viral. Vi la entrevista que te hicieron. Muy buena. La compartí. ¿Lo viste? Que la compartí.

ESCRITOR: ¡No tienes que compartir todo lo que dicen o sale sobre mí! ¡No te fijas y son cosas que no hablan bien! Fue una trampa. No debí aceptarla. ¡Tienes que pensar antes de compartir algo!

MADRE: Que la compartí, te digo.

ESCRITOR: Quedé como un imbécil. Una locura. ¡Y para colmo la compartes!

MADRE: *(Escucha por fin el retardo.)* Ah, no me di cuenta. Me gustó. Disculpa. No lo hice por malo. No te alteres. Si te molesta la quito. Me retiro.

ESCRITOR: ¿Cambiamos de tema?

MADRE: ¿Estás molesto? ¿Pasó algo?

ESCRITOR: No.

MADRE: ¿Ya tu padre te felicitó? ¿Le contaste? ¿Qué dijo? ¿Se alegró? ¿Te comunicas con él? No entiendo cómo es que tampoco le escribes, que lo hagas conmigo, pasa, pero con él, que te quería tanto.

ESCRITOR: Lo haré en cuanto pueda.

MADRE: Hazlo, es tu padre. A pesar de todo lo que pasó entre nosotros él siempre te quiso, me consta, y me duele que por mi culpa ahora ustedes sean unos extraños. Si lo alejé de ti cuando eras un niño fue para que no te perjudicara. Y te asociaran a él. A sus ideas políticas, a su familia. Vivía aterrada con eso. Un error, lo sé. Una tontería, pero así pensábamos entonces. Tampoco estuve del todo de acuerdo, como dices en tus libros, con los golpes que le dieron cuando se iba del país. Una barbaridad, que lo apalearan sus vecinos solo por querer vivir fuera. Nunca fue comunista ni revolucionario, jamás. Era sabido. Pero no veíamos eso. Lo bestial de eso, de los golpes. ¿Por qué no lo veíamos mal antes y ahora sí? No lo sé. No lo entiendo. En realidad, ¿quién se entiende? ¿Quién entiende lo que había que hacer en ese país? Sin embargo, tú, que eres mi hijo, deberías acabar de aceptar que era otra, que fui otra. Éramos otros. *(Espera.)* ¿Me oyes? *(Silencio del hijo.)* Ya empiezas a callarte. Okey. Temo que no me abra eso y me pierda tu discurso. De paso ¿de qué va? No me has dicho.

ESCRITOR: Es un discurso de agradecimiento.

MADRE: ¿A quién le agradeces? *(Silencio del otro lado.)* No quieres hablar conmigo, ¿verdad? Está bien, entiendo, quieres colgar. ¡Qué desgraciada soy! Te aburro. Llama después para que me cuentes, por si no logro verte. *(Espera.)* Que me llames. Que me llames. Nada, olvídalo.

12.

En la pantalla aparecen fotos de Guillermo joven, adolescente, vestido con el uniforme azul escolar. Fotos del pasado de ambos amigos.

GUILLERMO: *(Haciendo referencia a las fotos y sin dejar de trabajar en su ordenador.)* ¡Las subí a ver si me reconoces! ¿Las ves? Soy yo, Guillermo. Igual insisto, ¿eh? Tiempo me sobra. Lo mejor del invierno en esta sierra son las noches largas, infinitas. *(Pausa.)* Estaba pensando en el día que viniste a mi casa. ¡Qué suceso! Encontrarnos en ropa de calle, en mi cuarto, solos, ¡sin nadie dándonos órdenes! Mi madre te atrajo enseguida porque era periodista, con una máquina de escribir, un buró, un estudio. Te quedaste mudo al ver los libros hasta el techo, el ambiente intelectual que yo odiaba. Reguero, polvo, papeles, mi madre fumando y escribiendo encerrada horas, días. Con sus artículos, las fechas de entrega. Sin embargo, a mí me gustaba más la tuya. ¡Qué carácter! ¡Qué mujer! Una líder, una amazona, con su jeep, con la empresa aquella –¿de qué era?– que decían todos por entonces que dirigía mejor que cualquier hombre. Recuerdo verla en la televisión, en los reportajes que le hacían, rodeada de gente importante. Entonces, le decía orgulloso a mi madre que esa era la mamá de mi amigo. ¿Está bien de salud? ¿Vive contigo? ¿Sigue siendo la que era –ya sabes a lo que me refiero– tan comunista? La mía murió allá. Mandaba dinero para que la cuidaran, para las medicinas, la comida, pero no pude volver… ni verla… en realidad no pude regresar, no quise…

(Se interrumpe. Habla con sus jefes.) Yes, ok, I see it, thanks. Don't worry. I'm here!

Vuelve a grabar mensaje en el móvil.

Curioso cómo se hicieron amigas ellas dos. Sentadas en la sala mientras tú y yo jugábamos en tu cuarto. ¿De qué conversaban? Siempre tuve esa curiosidad. ¿De política, de los hombres que conocían, los duros, los jefes de entonces? Seguramente. ¿O tal vez hablaran de nosotros? *(Pausa.)* Le hablé tanto a madre de ti que quiso conocerte. Tráelo, me dijo. A tu amigo. El de los libros. Que venga a almorzar. O a cenar. Me da igual. Quiero conocerlo. Y lo hice. Te traje. Un sábado del pase. *(Ríe nervioso.)* Y no sé si fue lo mejor. Dejar que eso pasara. *(Pausa.)* ¡Parezco un loco hablando solo!

Se hace un selfi. Lo envía.

Aquí estoy, a las tres de la mañana de un lunes de noviembre del veinte-veinte. Un topo. El rostro de la pandemia.

13.

MADRE: ¿Por qué me preguntas por ella? Apenas la recuerdo, ni siquiera su nombre.

ESCRITOR: Georgina. Se llamaba Georgina. ¿Cómo no te vas a acordar?

MADRE: Ah, sí, Georgina. Solo recuerdo que era la madre de aquel amigo tuyo de la infancia. ¿Cómo se llamaba?

ESCRITOR: Guillermo.

MADRE: Guillermo, claro. ¿Qué se hizo de él? ¿Siguen en contacto? ¿Vive afuera o allá?

ESCRITOR: Se fue. No sé cuándo ni cómo. Dejamos de vernos ya en la escuela. De ser amigos. Nos fuimos distanciando hasta que no supe más de él.

MADRE: ¿Te das cuenta de lo que te digo? Solo tú sigues ahí, hijo. De guardia. Desaprovechando tus conocimientos. En fin, me callo. ¿Por qué estas interesado en él? ¿Por qué ahora, esta noche? Deberías estar en lo tuyo, concentrado. Ya falta nada para el acto, ¿no?

ESCRITOR: Estoy concentrado, pero el tiempo no pasa.

MADRE: ¿Esa es la camisa que usarás?

ESCRITOR: ¿Qué tiene?

MADRE: ¿Te pondrás una corbata, no?

ESCRITOR: No lo exigen.

MADRE: Pero deberías.

ESCRITOR: No me gusta usar corbatas.

MADRE: Mándame una foto cuando lo decidas. Prometo no compartirla.

ESCRITOR: De acuerdo.

Pausa.

MADRE: Claro que estuve pendiente de esa amistad de ustedes. ¿Cómo no iba a estarlo? ¿Era tu madre, no? Aunque insisto que no recuerdo que comentara nada con ella, en caso de que tuviera alguna preocupación. Que la tuve, por supuesto. Era una amistad rara, tan pendientes uno del otro. Tan dependientes. Pero no hablamos de eso ella y yo, no imagines lo que no es.

ESCRITOR: ¿Pero de qué conversaban?

MADRE: De cosas de aquel momento. Ella era periodista, ¿verdad?

ESCRITOR: Sí, muy conocida.

MADRE: Y chismosa, creía saber todo. Alardeaba de conocer a todos entonces. Yo la oía y la dejaba hablar. ¿Para qué desilusionarla? *(Ríe para sí.)* La pobre, si supiera... De cualquier modo estaba sorda para otra cosa que no fuera hablar de su hijo, de lo brillante, de lo inteligente, de lo curioso, de lo ocurrente que era, de lo precoz, del futuro que tendría. Estaba perdida por él. Enamorada. No, no fuimos amigas, éramos diferentes. Ella, tan burguesa, delicada, culta, leída, tan fina, demasiado fina para ser todo lo revolucionaria que aparentaba ser. Doble, relamida. ¿Está viva? ¿Que si está viva?

ESCRITOR: Murió, tengo entendido.

MADRE: Ah, ya. Vamos desapareciendo. ¿Piensas escribir sobre él, sobre ella, sobre mí? ¿En eso andas de nuevo?

ESCRITOR: *(Sorprendido.)* ¿Cómo?

MADRE: Ya me imagino lo que saldrá de ahí. Otro libro. Otro tribunal. Están de moda los tribunales. Las confesiones. Los hijos contra los padres. Lo que escribes te hace más daño a ti que a los demás, ¿lo sabes? Hurgar en el pasado. Remover cosas, cosas que imaginas la mayoría de las veces o que exageras.

ESCRITOR: No empecemos a hablar de esto.

MADRE: Bueno, es mi criterio. La vida de los otros, la mía por ejemplo, de la que tanto has escrito sin consultarme, es más que ciertos hechos, que ciertas ideas políticas que tuve, en las que creí, con las que creí ser justa, porque siempre lo fui, justa, aunque te pese, aunque me reduzcas en tus libros a una madre fanática que no te cuidó.

ESCRITOR: Te preguntaba por curiosidad.

MADRE: Lamento no haberte cuidado más, lo lamento, no sabes cuánto me arrepiento cada día, cada minuto que me veo viviendo en Miami, lejos, sola, lo que desperdicié de estar contigo por todo aquel trabajo que me impuse, aquel sacrificio tremendo. Pero hay más cosas que fui, que experimenté entonces, que no puedes saber. Ni escribir. Emociones, ilusiones, momentos.

ESCRITOR: Lo sé.

MADRE: Te obsesiona mi desilusión política, es tu tema, tu gran tema, digamos. De todo lo que escribes. ¿O me equivoco? La *conversión* política mía. El asombro que te produjo. Que no te esperabas. Bueno, ni yo misma lo esperaba. Pensé morir allá, *(Ironiza.)* en pie de lucha. Y no aquí, nunca. Nunca.

Pausa. El Escritor la escucha atento.

¿Sabes? Nada hay en esa *conversión* mía de literario o revelador, fue más simple, más básico: me hirieron, me desilusionaron, no fueron leales conmigo cuando yo lo fui, leal hasta la muerte. Una lealtad que absorbió mi vida desde la juventud, que marcó, a fuego, mi existencia. Mordieron mi mano, mi fe, por bajezas, por miserias, por luchas de poder, por guerras entre grupos en las que ni siquiera participé. No me interesaba el poder, lo juro, quería trabajar, dar lo mejor de mí. En eso creía, y lo demostré, no tuve vida, ni un día entero para mí. Así fui. Y lo sabían. Lo saben. En un momento dado perdí a mis protectores y fueron por mí, me llenaron de calumnias para destruirme, quebrarme, humillarme, sacarme del medio, barrer lo que había construido, apropiárselo, mi trabajo, mi obra, toda aquella empresa que levanté de la nada con esfuerzo, sin robar, sin sacar nada material a cambio. Ni un centavo. Por puro altruismo. Por convicción. Por convencimiento. Porque era una convencida total, y ellos lo sabían. Lo saben. Y les molestaba. Mi intransigencia, mis principios. Mi frontalidad. El éxito que tuve, porque lo tuve. No lo pueden negar. Ahí están las cifras, los logros, que luego dejaron morir. A nadie le importaban. Daba igual. Odiaban que fuera capaz, no una inepta como hubieran preferido, obediente, que callara las verdades, que no los enfrentara como hice siempre que estimé oportuno. Un pase de cuentas que todavía no acepto. Con el que aún no puedo lidiar. ¿Cómo pudieron hacerme eso? me decía, al principio, desesperada, impotente. ¿Por qué? Hasta que desperté y entendí de qué iba todo, no de los ideales, no de lo que pensaba hasta ese entonces, y hui. Sigo huyendo. Y no pararé, creo, hasta el final.

Pausa.

Ese premio me lo deberían dar a mí, no a ti, por todo lo que me has usado en tus libros.

Pausa.

Pero no hablemos de eso esta noche, que es tu noche, tu gran noche. Para, descansa. Total, ya aquello pasó. Y no salió mal. Mírate. Míranos. Podíamos estar peor. Podíamos ni siquiera hablarnos, y no, estamos en esto todavía. Juntos. Por encima de cualquier idealismo, de cualquier cosa mayor.

Es así. Y no cambiará. La vida es la familia. Lo aprendí tarde, pero lo aprendí. Como decía tu abuela: la sangre. Lo otro se desvanece. Muere. Como el amor, los hombres, lo que aspiras ser. Lo que construyes. Tanta lucha y nada.

ESCRITOR: Tienes razón.

MADRE: Al final eres mi hijo, idéntico a mí. Al final todos somos iguales, cortados por la misma tragedia.

14.

Foro.

Los actores leen desde sus móviles mensajes de las redes.

ACTOR: ¿No va a enfrentar los ataques de una vez? Claro que no, no puede, se comprometería, tendría que joderse, embarrarse con los otros. Dejar de creerse por encima. Intocable. El artista. El gallito fino que se cuida para estar bien con Dios y con el Diablo.

ACTOR: ¿Busca solidaridad, respeto? Hay un día, y ese día está frente a él, en que tiene que responder esto: ¿es de ellos o es de los nuestros?

ACTOR: Y no seguir al margen, cuidándose el pellejo, el viajecito, la última edición, los premios. Esa coartada acabó. Que se entere. Cambio de reglas.

ACTOR: ¿Con quién está? Que lo diga de una vez. Que se atreva. Que hable. Que no se esconda en la neutralidad. ¡Esto no es Suiza!

ACTOR: ¡Asco!

ACTOR: ¡Lacras de mierda! ¡A patadas por culo!

ACTOR: ¡Intelectuales qué cojones!

ACTOR: ¡Así de claro!

ACTOR: ¡A mí si no me lo tienen que pedir!

15.

Ambos en cada extremo de la mesa. Hablan por cámara.

ESCRITOR: *(Camina inquieto frente al ordenador.)* Tengo que cambiar el discurso.

EDECÁN: Cuando le pregunté hace un rato podía, no ahora.

ESCRITOR: Pásame a tu jefe.

EDECÁN: Solo puede hablar conmigo.

ESCRITOR: ¡Quiero hablar con el que está detrás de tu oreja!

EDECÁN: Cerraron comunicación hasta salir al aire.

ESCRITOR: Que se olviden del premio, entonces. No lo acepto.

EDECÁN: ¿Qué ocurre?

ESCRITOR: Llama a tus jefes. Avísales.

EDECÁN: ¿Qué cambió desde hace una hora?

ESCRITOR: No estoy seguro de lo que digo ahí.

EDECÁN: ¿De qué no está seguro?

ESCRITOR: No tenía que aceptarlo. No en este momento.

EDECÁN: Es normal que esté así…

ESCRITOR: Quizás si cambio un párrafo o dos…

EDECÁN: Imposible, no es negociable. Lo siento.

ESCRITOR: Detestas mi discurso y evitas decírmelo. ¿Por qué?

EDECÁN: No estoy aquí para opinar sobre lo que escribe.

ESCRITOR: ¿Para qué estás, entonces?

EDECÁN: Mejor asumo que no escuché la pregunta.

ESCRITOR: No me creo tu amabilidad. ¿Qué buscas? ¿Te resulto un personaje interesante?

EDECÁN: No lo enjuicio. Se equivoca.

ESCRITOR: *(Camina mientras habla para sí.)* Lo peor es dejar que te conviertan en tu propio tribunal. Permitir que te acuses a ti mismo. Que termines culpándote, pensando que es miedo a que te ataquen, a perder cosas, ¡cosas que ni querías, que no buscaste nunca, prestigio, poder…!

EDECÁN: Entiendo el miedo.

ESCRITOR: Y claro que tengo miedo a que me ataquen, no lo niego. Como todos. ¡Que me destruyan la vida!

EDECÁN: Entiendo.

ESCRITOR: La paz de hacer más. Y terminar paralizado, sin fuerzas, sin norte. Un viejo de mierda en su hora oscura.

Silencio. Se sienta a la mesa, más calmado.

Debo dar en minutos un discurso de agradecimiento. *(Al Edecán.)* Tú, que eres inteligente, brillante, cosmopolita, que estás lejos de todo esto que nos pasa a nosotros, que me ves desde Madrid como a una especie exótica, en extinción, que todavía habla como hablaban los padres hace 70 años ahí, –y que tanto les costara– de utopía, de igualdad, de ideologías, palabras ya lejanas, inocuas para ti, dime, ¿qué discurso debo dar? ¿A quién agradecer? *(Pausa.)* No hay nada que agradecer. A nadie. A nada. ¿No crees? *(Pausa.)* ¿Me entenderían si digo eso? ¿Qué todo fue un error, un desperdicio? ¿Si lo digo estarán al tanto de mi gesto? ¿De mi coraje? ¿De mi sinceridad? ¿Se sentirán orgullosos, al fin, de mí? ¿Lo estarías tú? ¿Los que exigen y exigen coraje, valor? ¿Alguien más? ¿El mundo, los críticos, los historiadores, *(irónico)* la posteridad? ¿Me entenderán? ¿Finalmente, me entenderán? ¿Es eso posible, que alguien entienda, nos entienda? ¿Qué hay que entender?

EDECÁN: Diga lo que diga no pueden tocarlo.

16.

El Escritor se quita la ropa de la gala, la tira lejos de sí. Se descalza. Se sienta en el suelo. Se escucha timbre del teléfono. Suena insistente. El timbre continúa, poco a poco, en segundo plano.

El set es vaciado por los actores. Sacan la mesa, quedan solo algunas sillas.

Al mismo tiempo van apareciendo en pantalla dibujos, historietas hechas a lápiz, naïfs, dibujadas por un niño, algo deterioradas, en hojas de libretas escolares.

17.

Guillermo lleva, por el frío, bufanda y suéter de lana.

GUILLERMO: *(Graba mensaje. En referencia a los dibujos.)* Son de las pocas cosas que me traje. ¿Los ves? Me salían de un tirón, también las historias, empezaba a dibujar y me dejaba llevar. Volaba, salvaba al mundo. Siempre venía alguien del espacio, mi alter ego quizás, a resolver la situación, poner orden, descifrar el enigma. Un experto, un físico. Un maestro. *(Silencio.)* Al final me hice maestro de física. No lo supiste, lo sé. Ya no nos veíamos. Pero imagino lo que hubieras dicho. ¿Maestro? ¿Tú? ¿No? ¿Cómo es posible? En realidad, mi madre presionó por lo de la física, mucho, muchísimo, también los demás. Ellos. Todos. *Lo tuyo son las ciencias, no te distraigas,* me decían. Sería una lástima perderte. A alguien como tú. Con tus condiciones. Había que estudiar ciencia, ser útiles. Un slogan tonto pero convincente. Ciencia y ser maestro, ¡para salvarnos! Tú te cagaste en eso desde el principio. O no, tal vez no tuviste opción. Como eras no podías ser maestro. *(Pausa.) Puedes ser más de lo que crees, cualidades tienes*, me repetía ella cada vez que dudaba. Siempre esas cualidades mías que estaban ahí, visibles, esperando que no las malgastara, las desaprovechara: el carácter, el carisma. Tú, al parecer, no tenías ninguna de esas cualidades, lo cual te daba ventaja sobre mí, que te dieran por perdido, que no esperaran que sirvieras para nada, a pesar de tu inteligencia. *(Pausa.) ¿Por qué no tienes un cargo? ¿Por qué no tienes novia? ¿Una novia y un cargo?* me preguntaba ella. *¿Qué pasa? No lo entiendo.* Estuve muy presionado esos años, mucho. Crisis que tú no veías porque estabas en lo tuyo. Siempre respeté que solo te interesara lo tuyo, hacer lo tuyo. Leer, prepararte. El resto te era indiferente. Ajeno. *Si no te tienen en cuenta proponte tú mismo, convéncelos de que confíen en ti, en lo que puedes dar. Sé agresivo, deja el orgullo, di que estás disponible, que pueden contar contigo para lo que sea. La tarea que sea.* Insistía e insistía ella. *¿Acaso no es lo que quieres? Porque es lo que quieres, ¿no? ¿O me equivoco?* En verdad estaba asustado, asustado, y también confundido. ¿Qué ocurría que no pasaba nada serio conmigo? ¿Qué hacía mal? ¿Qué quería yo? ¿Qué quería de ti?

Corta. Envía. Graba.

¿Podemos vernos por cámara?

Corta. Envía. Graba.

Al final a la Física terminé odiándola. ¡Perdón por Newton! Y ser maestro me aniquiló. Completamente. Daba clases muerto, detestando a los alumnos, aburrido. Implacable con todos. Un castrador. Un resentido más, consciente, atascado en aquello. Preso. *(Refiriéndose a los dibujos)* Nadie vino del espacio a salvarme. *(Pausa.)* Como premio llegaron enseguida los cargos. ¡El Gran Cargo! La militancia, la novia que por fin a ella le gustó. Un mundo a la medida. Sin fisuras. Un jefe, un cuadro, respetado, temido. Destrozado, al final. Ahogado. Me ahogaba. ¿Aquel era yo? Sí, claro que era yo. No me hacía ilusiones. Yo mismo. Como tantos a mi alrededor, como cualquiera. El que sermoneaba, el que mentía. El que sabía que mentía, el que humillaba. Al que despreciaban, al que adulaban. Con privilegios, con miedo. Con asco. Arrogante, violento. La otra parte que también era. Que luché ser. La que ganó la batalla, la batalla que fui. La que muchos quieren lavar, olvidar. Proyectar en otros, culpándolos, como hacen contigo ahora. A ciegas. A dentelladas. Un mundo desquiciado. *(Pausa.)* No debes entrar ahí, en ese foro, exponerte. Dar explicaciones. Nadie te salvará, porque todo lo que dicen de ti es cierto, y a la vez, incierto.

Corta. Envía. Graba.

Convencido de ser una mierda me quedé fuera del país en la primera oportunidad que tuve. Desaparecí. Huí. Lejos. Incluso muy lejos. Corrí, borré contactos, huellas. Todo. Un impulso. Una locura.

Corta. Envía. Graba.

Estuve loco. De verdad loco. Allá. Al final. En silencio, escindido. Mirándome morir sin decirlo a nadie. ¿A quién? Actuando sin ser yo, siendo a la vez ese yo. Otro. Aquel. Un monstruo.

Corta. Envía. Graba.

Lo pudiste ver. Sé que lo viste. Ese estado. La locura. Lo mal que estaba. ¿Te acuerdas? Tuve la impresión ese día de que te gustó verme así, roto. Una compensación, ¿no? *(Pausa.)* Fue justo antes de irme. Cuando sabía que algo haría. Radical, sucio. Lo que fuera. Un acto, una liberación. Nos encontramos esa última vez a la salida de la Cinemateca. Ibas con tus amigos, gente del arte, linda. Distinta, al menos. Fue lo que sentí, que habías encontrado eso, un espacio, un grupo, y me alegré. Yo llevaba barba, y no me reconociste a la primera. Entonces intenté, como pude, apenas podía hablar esos días, explicarte lo que me pasaba, lo que nos pasó. Fui incoherente, torpe, te dije que no podía más. Estoy seguro que te lo dije, que no podía más. Incluso, lo repetí varias veces, que no podía más. ¿Lo recuerdas? Tú eras el mismo de antes, la misma cara, tus ojos, yo me sentía viejo, destruido ante ti. Un loco. Un *fucking* loco. Alterado. Fuera de sí. Demandante. No me hiciste caso. No querías ni podías hacerlo. Escucharme. Hacer algo por mí. Y entendí. De verdad entendí. Lo merecía: tu desprecio.

Corta. Envía. Graba.

¿Nos vemos o no?

ESCRITOR: Hola.

18.

Deambulado por el espacio, que en lo adelante resultará ambiguo, subjetivo.

MADRE: ¿Por qué no respondes? Estás conectado, lo veo, no pienses que no lo sé, que te desentiendes. ¿Y si me pasara algo? ¿Si es una gravedad? ¿Una urgencia? Si llamo puede ser importante, ¿no te das cuenta? Ojalá no tengas nunca que sentirte como me siento, sin nadie con quien contar para lo más mínimo. ¿Ya terminó todo? ¿Cómo fue? Seguro que hablas con cualquiera y le cuentas antes que a mí. Te aburro. No me siento bien, no te lo dije para no preocuparte antes del acto, pero amanecí mareada. Llevo semanas así, con vértigos. Me mandaron pruebas, aquí te hacen pruebas por todo. Al menos las paga el seguro y no dependo de ustedes, de ti. Me valgo, lidio con mis cosas. Me quedé dormida sentada aquí frente al televisor y tuve un sueño muy raro. ¿Estás ahí? Fue con tu padre. Hace cuarenta años que no lo veo y de pronto soñé con él. ¿Le hablaste por fin de tu premio? Me preocupa que no lo hagas. Sigo aquí, esperando.

19.

Deambula, a su vez, por entre los otros personajes, que coinciden en este nuevo espacio que ha perdido gravedad.

EDECÁN: *(En susurros, ansioso.)* Hola. Hola. ¿Me escucha? *(A sus jefes.)* Hay un problema, no responde. Insistí, pero no responde. *(Escucha.)* De acuerdo. *(Vuelve al Escritor.)* ¿Hola? Si está ahí, y me escucha mande una señal. Hay cientos de personas esperando. Aforo completo. Estaré aquí.

20.

Comienza a nevar en la pantalla al fondo, como si la viéramos caer tras la ventana del estudio de Guillermo.

GUILLERMO: A esta hora quitan la calefacción y esto se congela. Por eso ando así, abrigado. Sin embargo, me gusta el frío, es implacable pero pule el alma. La afina. Y no es una metáfora. Es la verdad. Habrá mucha nieve este año. ¿Lo ves? Blanco hasta donde da la vista.

ESCRITOR: Sí, lo veo.

21.

Mientras continúa nevando en la pantalla, en la ventana.

MADRE: Estaba en el mall, sentada en un banco, esos bancos que hay en los malles de Miami en medio de los pasillos, entre el gentío que va y viene con sus compras, y tu padre vino, como salido de la nada, y se me sentó al lado, viejo, muy cansado. A reponerse un instante. Estaba solo, aunque supe que más allá, dentro de alguna tienda, alguien, quizás la esposa, lo acompañaba. Lo conocí apenas por los ojos cuando me miró, y acercándose a mi oído me dijo en un susurro: *no deberías estar aquí, en este lugar, si te reconocen podrías tener problemas.* Pude hasta sentir su olor, la colonia que usaba. Suave, perfecta. Un aroma anticuado, de antes, de atrás. Pude, también, fijarme en sus manos, que a pesar de ser viejas reconocí, las uñas, las falanges, también el anillo con la piedra azul que siempre me resultó tan excesiva, detalles tan vívidos, tan presentes, que nunca más había recordado. Me quedé sin palabras, atónita. De a poco, y como pude, le dije que no se asustara ni que temiera por mí. Sentí que estaba realmente, pese a su aparente serenidad, angustiado por mí. Después de todo el pasado, el horror, ¡esa angustia suya en el sueño me dolía tanto! Le dije, para calmarlo, que yo no era tan importante ya, que era una pobre diabla sin vida, que además aquel sitio, seguramente, estaba lleno de gente, que como yo, alguna vez fue otra allá. Entonces ocurrió algo desconcertante, me preguntó si había almorzado, le dije que sí, que por supuesto, cómo no iba a haber almorzado a esa hora de la tarde. *¿Qué?* insistió. *¿Qué almorzaste? Sushi, comí sushi*, le dije. *¿Pescado crudo? ¿Cómo vas a comer eso?* Se levantó, sacó su billetera de piel y me dio cien dólares. *Aliméntate,* me dijo, y se fue. *(Pausa.)* ¿Sabe que vivo aquí, cerca de él, *(ironiza)* «en la misma ciudad enemiga»? ¿Le contaste que me fui, lo qué pasó conmigo, *(juega)* mi *conversión*? ¿Qué te dijo? Imagino su sorpresa. Yo aquí y no allá. *(Ironiza.)* Donde debería estar. Donde debería seguir hasta el final. No obstante, ¡fue tan agradable en el sueño! Tan dulce. *(Pausa.)* ¿Tu amigo te sigue mandando esos mensajes? ¿Por fin aceptaste su amistad? ¡Qué duro eres a veces! ¡Qué inflexible! ¿Por qué te sigue preocupando ese muchacho después de tantos años? ¿Estás ahora mismo hablando con él? ¡Ah, tú y tus cosas literarias! Temo que sea todo una invención. ¿Lo es? ¿Por eso no respondes? ¿Por estar con él? ¿Lo estás? ¿Es al que le cuentas tu éxito de esta noche? ¡Qué aburrida estoy!

Lentamente sale de escena, desaparece.

22.

Sin dejar de caminar por el espacio.

EDECÁN: *(A sus jefes.)* Hace más de diez minutos que insisto. *(Escucha algo que le dicen.)* ¡No, no puedo hacer eso! ¿Cómo cree? No es una opción. ¡Tiene que ser leído por él! *(Escucha.)* Por supuesto que no dije nada que pudiera molestarlo, por el contrario, estuve atento, apoyándolo cuando tuvo dudas. No ha sido fácil, eh. *(Escucha.)* Pero está insinuando que yo... *(Escucha.)* De acuerdo, sí, tenemos tiempo aún. *(Al Escritor.)* Hola. Hola. *(Para sí.)* ¿Dónde estás?

23.

Guillermo y el Escritor frente a frente. No han dejado de observarse mientras la Madre contaba el sueño. Ha desaparecido el espacio real anterior. Conversan en este no lugar. La nieve en la pantalla continúa cayendo.

ESCRITOR: Mi madre teme que seas una invención.

GUILLERMO: ¿Se acuerda de mí? Increíble. Me alegra que aún tengan ustedes una relación. Yo no tuve esa segunda oportunidad con la mía. Ni la quise. Provocar una reconciliación. Una tregua. Pude, pero no lo necesité. Tampoco ahora lo necesito. Ni siquiera la culpo. No hay culpables ni hay justicia. Es más oscuro o más estúpido que todo eso. No lo sé. Odio ser ceremonioso y esto ya lo va siendo. Ojalá pudiera invitarte a un vino.

ESCRITOR: Hay mucho calor aquí para tomar vino.

GUILLERMO: Ella no quiso que fuéramos amigos. Así de sencillo. De básico. Sé que lo sabes o lo sospechas. Una tontería que devino algo mayor, complicado, que no perdono. ¿Qué hay que perdonar? Fue simplemente un infierno. Y lo repelo. Punto. Una batalla a fondo que duró mucho tiempo. Demasiado. Que empezó desde que te conoció y supo que algo no andaba bien. En mí, en ti, entre los dos. Cuando empezó a sospechar que había un problema. ¿Pero lo había? Si lo hubo o no es irrelevante. Pero ella quedó aterrada, avergonzada. Furiosa. Y atacó a fondo, con todo. Una batalla que acabó ganando, por supuesto. Cada fin de semana que regresaba a la casa era lo mismo: *¿no hablaron ellos contigo?*

¿No te aconsejaron? ¿No les prometiste que te alejarías de él? ¿Por qué entonces me llaman para decirme que no lo has hecho, que todo sigue igual? No sabía qué decirle. Era desesperante. *Admiro que lo admires, que lo quieras, que lo protejas, que lo ayudes, que seas su amigo, que lo defiendas, que te expongas por él. Dice mucho de ti. De tu generosidad, tus valores. Si fuera por mí, estaría bien. Pero no estamos solos. Hay gente allá fuera que decide todo. Tú vida, la nuestra. Estás muy cerca y es lo peligroso. Que no te des cuenta lo que es él, o lo que será, inevitablemente. Hoy o mañana. Quizás ya lo sea y te está manipulando. Sonsacando. No hay lugar para él en este país hoy. Olvídalo. Es tu vida y tienes que luchar por ella. ¿No lo ves? ¿Qué* tenía que ver? No veía nada, hermano, nada, lo juro, en ti, en mí, pero sobre todo en ti. Veía lo que veía, tu encanto, sobre todo tu encanto, lo que éramos, lo que fuimos. De verdad no quería darme cuenta, pero me daba cuenta. No era tonto. Lo sabía, por supuesto que lo sabía, lo que decían de ti, cómo nos veían juntos, siempre unidos, pero me negaba a saber. De verdad no podía romper. ¿Por qué no podía ser así, que siguiéramos así? ¿Por qué tenía que ser distinto? Sabía y no sabía qué hacer, y ella me lo hacía entender, lo que al final *yo quería entender*, ¿qué coño hacer contigo?

Responde al teléfono.

It is impossible to talk with you right now. I need time, you know that. I've always been here, ready for you, every night, during years, always, but I feel sick today, now, I have a fever, a flu, Covid 19, my mind is not working any more, give me some space, some fucking space. Your code will be fine, everything will be fine.

Cuelga.

Harto de la prepotencia de estos cabrones que se creen dueños del mundo.

ESCRITOR: Siempre hablabas de la nieve. Y no era un juego. Aquí estás.

GUILLERMO: Odiaba el calor. Lo odiaba todo. Creo que acumulé mucho odio, demasiado. Allá. No sabes cuánta presión hubo. Cuántas llamadas de atención. Cuántas reuniones, consejos. Maestros, directores, sicólogos. Finalmente, me dieron un ultimátum, y lo acepté. Me comprometí. Solo que durante meses me negué. Me resistía. Un año, un curso completo, hacer lo que debía hacer, lo que les prometí cumplir, rápido, antes de que fuera peor, antes de que no hubiera salida para mí: alejarme. Alejarte. Lo probé, pero no pude, no podía. Te veía y ya estábamos en lo mismo, conectados, burlándonos de todo. Una palabra bastaba, una mirada. Fuera de eso, el resto me aburría. *A tu edad hay más cosas que los libros, hijo,* me decía ella desesperada, buscando esa coartada, pero no eran los libros. ¿Cómo explicarle? ¿Cómo lo explico ahora? ¿La pasión de conocer, de descifrar todo, a cuatro manos, cada segundo, cada instante, en aquel tedio, en aquel páramo?

Pausa.

Empecé a probar decirte que no podía bajar contigo a comer, que tenía algo que hacer, a probar cambiar de banco cuando te acercabas y te sentabas a mi lado, a levantarme y ponerme a hablar con cualquiera cuando volvías a sentarte otra vez. No te dabas cuenta, me daba cuenta de que no te dabas cuenta. Me dolía, quizás me preocupaba. ¿Cómo convencerte de que no me siguieras, de que no me esperaras al final de la clase en el pasillo, en el comedor, en el camino al campo? ¿Cómo decírtelo sin humillarme, sin humillarte, decirte: *Déjame, aléjate, haz tus cosas sin mí*? Cuando lo hacía, sonreías y yo te sonreía desesperado, y me iba y volvías a seguirme, y te sentabas a mi lado, y me esperabas. No sabías hacer otra cosa. ¿Cómo saber hacerlo? Hasta que empecé a molestarme, a asfixiarme. *¿Qué haces aquí? Ve, come solo, déjame tranquilo.* Y tu asombro, y tu perplejidad, y mi molestia que crecía, la sospecha. Ella tenía razón. ¿Por qué me buscabas? ¿Qué buscabas? ¿Qué sentías por mí? ¿Qué sentía yo? ¿Qué estaba pasando? *¡Lárgate, déjame en paz! ¡Es demasiado! ¡¿No te das cuenta?! ¡No me dejas ni un momento solo! ¡Está bueno ya, coño!*

Pausa.

Entonces entendí que habías entendido. Fue un instante, pero supe que por fin sabías qué pasaba: que no te quería cerca, no más, nunca. Fue difícil que lo entendieras, pero en un segundo vi que lo sabías, por tu mirada, por el silencio. Cómo sonreías allí, quieto, como si no pasara nada, actuando sin saber qué actuar, perdido.

Pausa.

Me sentí libre cuando esa noche me uní a los demás… libre… aliviado.

Pausa.

Fue algo que ni ocurrió, aquel momento: tú sonriendo frente a mí, callado, en el pasillo de esa escuela. El mayor silencio que sentí nunca, como cuando en un libro un personaje pierde la fe, la religión, un pacto. Algo así de serio, de grande. Que quizás escribas alguna vez. *(Pausa.)* Descubriste con sorpresa –lo vi en tus ojos y no lo olvido– que la causa eras tú, algo que estaba en ti. Que definía quién eras. Lo que eras. Y que sospecho entendiste de golpe allí: que sobrabas, que no eras parte de aquello, del gran plan que era todo aquello, la escuela, el futuro, el mundo que creaban, los padres, los hijos, todo mentiras, que por más que escribieras, que hicieras lo imposible, que ganaras lo que ganaras, que te quedaras, que no te fueras, que lucharas por ser parte, que triunfaras, no serías sino ese que yo despreciaba para siempre.

Pausa.

¿Has estado dentro de una catástrofe, un accidente donde todo se detiene, se desquicia? Yo sí, y también tú, allí, con aquella sonrisa que mantenías, bajo esa luz que se deshizo, esa atracción que nos mataba, nos hería.

Pausa.

Fui un tonto, también un muchacho, el hombrecito de mamá, de su mundo, su más desgarrado experimento. Igual, pienso, que de haber coincidido contigo en cualquier otro tiempo cubano, también te hubiera sacrificado. Linchado. Porque así somos. Y seremos: cabrones, prepotentes, hijos de puta. Supe con qué lidiaba, y acepté, por imbécil, por ambicioso, el juego de turno. Hasta que llegué a este sitio, a este lugar donde los inviernos me dieron una clave, un reposo. No hui de un país, ni de una madre, ni de un sistema; hui de una cultura a las estepas, a mi Finisterre. Mi fin de la tierra. *(Pausa.)* Creo que perdí mi trabajo hoy. Suerte en tu noche.

Desaparece. El Escritor queda solo.

24.

Se escucha timbre de llamada en primer plano. Escritor, lentamente, se pone un pulóver casual. Responde. Ambos frente a frente.

EDECÁN: ¡Ah, está ahí! Sabía que aparecería. No podía hacerse eso. ¡Gracias! ¿Qué le pasó?

ESCRITOR: Perdí la noción del tiempo.

EDECÁN: ¿No escuchaba las llamadas?

ESCRITOR: Lejanamente.

EDECÁN: Insistí e insistí. Hubo alarma general. Pero estaba confiado. Disculpe un segundo. *(Se tapa la cara con las manos por la emoción. Tras unos segundos, se recupera.)* Pensé que no respondería.

ESCRITOR: Disculpa.

EDECÁN: *(A sus jefes.)* Sí, lo tenemos. Estamos listos.

ESCRITOR: ¿Qué tiempo queda?

EDECÁN: Segundos.

ESCRITOR: Okey.

EDECÁN: Aforo completo, me comentan. ¡Felicitaciones! ¿Nervioso?

ESCRITOR: Estaré bien.

EDECÁN: ¿Tiene a mano el discurso?

ESCRITOR: Sí.

EDECÁN: Veo que se cambió de ropa.

ESCRITOR: ¿Importa?

EDECÁN: Importa que lea despacio. Que se le entienda. El resto es irrelevante.

ESCRITOR: Hablaré despacio.

EDECÁN: Estoy seguro.

ESCRITOR: ¿Tu curiosidad quedó satisfecha? ¿Valió la pena el trabajo?

EDECÁN: ¿Qué?

ESCRITOR: ¿Escribirás sobre mí, sobre esta espera, sobre lo que compartimos, lo que pudiste saber de mí? Me gustará leer en las redes el retrato mío que harás.

EDECÁN: No escribiría sin su permiso ni una palabra. Quise el trabajo por solidaridad. Con usted, con su obra. Con cualquier cubano que triunfe.

ESCRITOR: ¿Darías este discurso de agradecimiento si estuvieras en mi lugar?

EDECÁN: Solo usted puede estar en su lugar.

ESCRITOR: Ni siquiera logro que sepas quién soy.

Pausa.

EDECÁN: Es un discurso emocionante.

ESCRITOR: No tienes que halagarme a estas alturas.

EDECÁN: Emocionante, porque es triste. Simplemente puedo decir eso. Es de una tristeza que supera todo lo demás. Lo más bello y lo más triste es el desperdicio de la vida que describe, la pérdida vital de tiempo que narra, la lucidez con que reconoce que ha vivido una vida a medias.

Pausa.

(Escucha.) Sí, está listo. *(Al Escritor.)* Debe aparecer en cámara con mascarilla. Antes de hablar, la retira. Es protocolo. Cuento hasta tres y comienza. Uno, dos…

El Escritor aparece ante el público y en la pantalla con mascarilla. Mira fijo a cámara y a los espectadores unos segundos. Vemos sus ojos que nos miran con intensidad. Antes de retirar la máscara, cae la oscuridad.

Esta primera edición de
Diez millones
seguido de *Discurso de agradecimiento*
de Carlos Celdrán
se terminó de imprimir
el 15 de octubre de 2024,
día en que esta última se estrenó
en el Teatro del Títere la Tía Norica
en el FIT de Cádiz,
a una distancia de 7307,52 km
en línea recta
de la Plaza de la Revolución de la Habana,
cerca del teatro Argos,
donde en 2016
se estrenó por primera vez
Diez millones.